DVB

Herzliche Glückwunsch zum
            Geburstag,

                    Flavia

Mihai Eminescu als Student
Fotografie

MIHAI EMINESCU

DER ABENDSTERN – GEDICHTE

Rumänisch – Deutsch

*Nach einer Interlinearübersetzung
von Geraldine Gabor in deutsche Verse gebracht
von Ernst-Jürgen Dreyer
Mit einem Nachwort von Geraldine Gabor
und Ernst-Jürgen Dreyer*

DIETERICH'SCHE VERLAGSBUCHHANDLUNG
MAINZ

Abbildung S. 6/7: Eminescus Handschrift.
Aus dem Manuskript zu „Luceafărul" („Der Abendstern")

ISBN 3-87162-048-3

Copyright © 1999 by
Dieterich'sche Verlagsbuchhandlung, Mainz
Gesetzt aus der Stempel Garamond
Gesamtherstellung:
AZ Druck und Datentechnik GmbH, Kempten/Allgäu
Einband nach einem Entwurf von
Rambow und van de Sand, Frankfurt am Main

Inhaltsverzeichnis

Gedichte 8

Anmerkungen zu den Gedichten 159

Nachwort 163

Verzeichnis der Gedichte 173

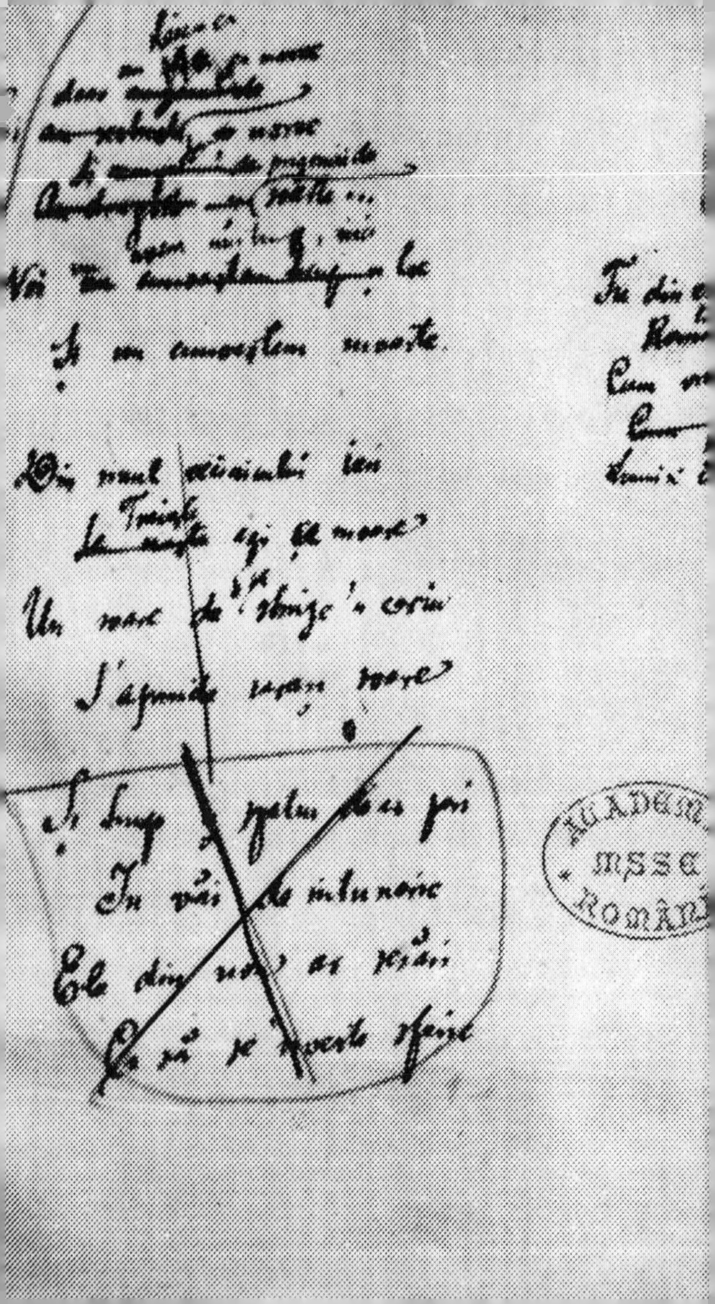
ACADEM
MSSC
ROMÂN

... tu vrei a observa
Dar ... vei face număr l-pot
Mijloace negri oceanice ?
P... Non, al ac unde l pot
... cum... cunoaște ...

... răpi ... mare spre a munci
... mare spre a se naște ...

Cerăta Hyperion venii,
             aiaprese
Din unde tu... pre quna ...
Vrei... muntele meu de-ntâiu
Să-ți dau înțelepciune ?

Vrei să dau glas acelei guri
Ce după ai cântare
Să de la munții ai pădurii
Și insulele în mare ?

Vrei poate în lume să ăsta
Dreptate ș-tărie ?
Ți-aș da pământul în bucăți
Să-l faci împărăție

Cugetările sărmanului Dionis

Ah! garafa pântecoasă
        doar de sfeşnic mai e bună!
Şi mucoasa lumânare
        sfârâind săul şi-l arde,
Şi-n această sărăcie,
        te inspiră, cântă barde –
Bani n-am mai văzut de-un secol,
        vin n-am mai băut de-o lună.

Un regat pentr-o ţigară,
        s-împlu norii de zăpadă
Cu himere!... Dar de unde?
        Scârţâie de vânt fereasta,
În pod miaună motanii –
        la curcani vânătă-i creasta
Şi cu pasuri melancolici
        meditând îmblă-n ogradă.

Uh! ce frig... îmi văd suflarea,
        – şi căciula cea de oaie
Pe urechi am tras-o zdravăn –
        iar de coate nici că-mi pasă,
Ca ţiganul, care bagă
        degetul prin rara casă
De năvod – cu-a mele coate
        eu cerc vremea de se-nmoaie.

Cum nu sunt un şoarec, Doamne
        – măcar totuşi are blană,

Die Betrachtungen des armen Dionis

Ach! die bauchige Karaffe
        ist zum Leuchter abgesunken,
überrotzt von Talg, der knisternd
        sich verzehrt in der Mansarde;
und in dieser Armut singe!
        Laß dich inspirieren, Barde! –
Geld: seit Jahren keins gesehen;
        Wein seit Wochen nicht getrunken.

'n Königreich für ne Zigarre ...
        Fülle das Gewölk, das schneeige,
mit Chimären! Woher nehmen?
        Fenster knarren, Angeln klemmen.
Unterm Dachstuhl maunzen Kater.
        Truthahnvolk mit blauen Kämmen
wandelt melancholischen Schrittes
        meditierend im Gehege.

Kalt ... Ich sehe meinen Atem
        – übers Ohr bis auf den Kragen
zieh ich mir die Lammfellmütze –
        meine Ärmel?: Sack und Asche ...
Wie der Finger des Zigeuners
        unterm Fischnetz durch die Masche
prüf ich mit dem Ellenbogen,
        ob das Wetter umgeschlagen.

Warum nicht als Maus geschaffen
        hast mich du dort auf dem Throne:

Mi-aş mânca cărţile mele –
>　　nici că mi-ar păsa de ger...
Mi-ar părea superbă, dulce
>　　o bucată din Homer,
Un palat, borta-n părete
>　　şi nevasta – o icoană.

Pe păreţi cu colb, pe podul
>　　cu lungi pânze de paianjen
Roiesc ploşniţele roşii,
>　　de ţi-i drag să te-uiţi la ele!
Greu li-i de mindir de paie,
>　　şi apoi din biata-mi piele
Nici că au ce să mai sugă. –
>　　Într-un roi mai de un stânjen

Au ieşit la promenadă –
>　　ce petrecere gentilă!
Ploşniţa ceea-i bătrână,
>　　cuvios în mers păşeşte;
Cela-i cavaler... e iute...
>　　oare ştie franţuzeşte?
Cea ce-ncunjură mulţimea
>　　i-o romantică copilă.

Bruh! mi-i frig. – Iată pe mână
>　　cum codeşte-un negru purec;
Să-mi moi degetul în gură –
>　　am să-l prind – ba las', săracul!
Pripăşit la vreo femeie,
>　　ştiu că ar vedea pe dracul,
Dară eu – ce-mi pasă mie –
>　　bietul „îns" la ce să-l purec?

Wer ein Fell hätt', müßte weiter
            um den Frost sich nimmer scheren!
Meine Bücher könnt ich essen;
            vom Homer ein Stück verzehren;
Schloß wär mir das Loch im Boden,
            und die Gattin mir Ikone.

An den Wänden, an der Decke
            mit dem langen Spinnenfaden
schwärmen aus die roten Wanzen –
            helle Freude meinen Augen!
Aus dem Strohsack (denn der armen
            Haut ist nichts mehr zu entsaugen)
ziehn sie aus in überbreiten,
            klafterbreiten Promenaden.

Welch ein Zeitvertreib voll Anmut,
            dieses Wanzen-Promenädchen!
Jene Wanze da, die alte –
            wie honetten Schritts sie zaudert;
der – ein Kavalier – ist rascher
            (ob er wohl französisch plaudert?);
die, umgeben von der Menge,
            ein romantisch-junges Mädchen.

Bruh! Ich friere. Schau, auf meiner
            Hand ein Floh, bequem zu packen:
Will den Finger mal befeuchten.
            – Fang ich ihn? Nein, laß den Armen.
Triebe er bei einer Frau das,
            na, da fänd' er kein Erbarmen!
Aber ich – was solls? –: das Kerlchen!
            Warum sollte ich es knacken?

Şi motanul toarce-n sobă
        de blazat ce-i. – Măi motane,
Vino-ncoa să stăm de vorbă,
        unice amic şi ornic.
De-ar fi-n lume-un sat de mâţe,
        zău! că-n el te-aş pune vornic,
Ca să ştii şi tu odată,
        boieria ce-i, sărmane!

Oare ce gândeşte hâtrul
        de stă ghem şi toarce-ntr-una?
Ce idei se-nşiră dulce
        în mâţeasca-i fantazie?
Vreo cucoană cu-albă blană
        cu amoru-i îl îmbie,
Rendez-vous i-a dat în şură,
        ori în pod, în găvăună?

De-ar fi-n lume numai mâţe –
        tot poet aş fi? Totuna:
Mieunând în ode nalte,
        tragic miorlăind – un Garrick,
Ziua tologit în soare,
        pândind cozile de şoaric,
Noaptea-n pod, cerdac şi streşini
        heinizând duios la lună.

Filosof de-aş fi – simţirea-mi
        ar fi vecinic la aman!
În prelegeri populare
        idealele le apăr
Şi junimei generoase,
        domnişoarelor ce scapăr

Und der Kater schnurrt am Ofen,
  so blasiert, wie einzig er ist;
Du mein Freund und meine Uhr du,
  komm, laß uns ein wenig schwätzen.
Gäb's ein Katzendorf, ich würde,
  glaub mir, dich zum Vogt einsetzen,
daß du auch einmal erführest,
  Ärmster, was ein großer Herr ist!

Woran mag der Schlaue denken?
  Was für süße Bilder streunen
ihm, indes er schnurrend daliegt,
  durch die Katzenphantasien?
Lockt in weißem Pelz ein Dämchen
  grad mit ihrer Liebe ihn?
Lockt ein Rendezvous ins Dunkle?
  über Dächer? hinter Scheunen?

Gäb es auf der Welt nur Katzen –
  wäre ich auch dann ein Dichter?
Alles eins! Mit Garrick-Tragik
  maunzt' ich meine hohen Oden;
räkelte mich in der Sonne,
  finge Mäuse auf dem Boden,
und vom Dach schnitt' ich dem Vollmond
  Heinrich-Heinesche Gesichter.

Wär ich Philosoph, es wäre
  mein Empfinden stets fatal:
In den populären Reden
  halt' ich hoch die Ideale;
und der hochgesinnten Jugend
  und den klugen Fräuleins male

Le arăt că lumea vis e –
        un vis sarbăd – de motan.

Sau ca popă colo-n templul
        închinat ființei care
După chip ș-asemănare
        a creat mâțescul neam,
Aș striga: o, motănime!
        motănime! Vai... Haram
De-al tău suflet, motănime,
        nepostind postul cel mare.

Ah! Sunt printre voi de-aceia
        care nu cred tabla legii,
Firea mai presus de fire,
        mintea mai presus de minte,
Ce destinul motănimei
        îl desfășură nainte!
Ah! atei, nu temeți iadul
        ș-a lui Duhuri – liliecii?

Anathema sit! – Vă scuipe
        oricare motan de treabă,
Nu vedeți ce-nțelepciune
        e-n făptura voastră chiară?
O, motani fără de suflet! –
        La zgâriet el v-a dat gheară
Și la tors v-a dat mustețe –
        vreți să-l pipăiți cu laba?

Ii! că în clondir se stinge
        căpețelul de lumină!

ich die Welt als einen Traum aus –
     einen Katertraum und schal,

oder würde dort im Tempel
     als ein Priester des Geweihten,
der nach seinem Bild die Katzen
     formte als ihr Gott und Vater,
rufen: wehe deiner Seele!
     Wehe, weh, Geschlecht der Kater,
wenn du Katervolk nicht fastest
     zu den vorgeschriebnen Zeiten!

Ach, auch unter euch sind solche,
     die der Tafeln Moses' spotten
und des Wesens aller Wesen,
     der Vernunft ob den Vernünften,
die das Los des Katervolkes
     lenkt samt Zu- und Wiederkünften!
Höllengeister – Fledermäuse! –
     drohn euch Atheistenrotten!

Anathema sit! Euch spucke
     ins Gesicht die fromme Katze!
Ihr begreift nicht, welche Weisheit
     steckt im Wesen von euch allen,
seelenlose Kater! Gab er
     euch zum Kratzen doch die Krallen
und zum Schnurren euren Schnurrbart –
     daran rührt ihr mit der Tatze?!

Ii! In der Karaffe lischt das
     Endchen Licht dort auf der Truhe!

Moşule, mergi de te culcă,
           nu vezi că s-a-ntunecat?
Să visăm favori şi aur,
           tu-n cotlon şi eu în pat.
De-aş putea să dorm încalea. –
          Somn, a gândului odină,

O, acopere fiinţa-mi
           cu-a ta mută armonie,
Vino somn – ori vino moarte.
          Pentru mine e totuna:
De-oi petrece-ncă cu mâţe
           şi cu pureci şi cu luna,
Or de nu – cui ce-i aduce? –
          Poezie – sărăcie!

Alterchen, geh schlafen! Siehst du
      nicht: stockdunkel liegt die Stätte.
Laß von Gunst und Geld uns träumen,
      du im Winkel, ich im Bette.
Könnt ich doch zumindest schlafen ...
      Schlaf, du des Gedankens Ruhe,

deck mit deinem stummen Wohllaut
      mir das Dasein. Einerlei,
ob du Schlaf, ob du der Tod bist,
      ob das Neue, ob das Alte,
ob ich noch mit Katzen, Flöhen,
      mit dem Mond mich unterhalte,
oder ... wem soll das was bringen? –
      Dichterkünste – Armutei.

Lacul

Lacul codrilor albastru
Nuferi galbeni îl încarcă;
Tresărind în cercuri albe
El cutremură o barcă.

Şi eu trec de-a lung de maluri,
Parc-ascult şi parc-aştept
Ea din trestii să răsară
Şi să-mi cadă lin pe piept;

Să sărim în luntrea mică,
Îngânaţi de glas de ape,
Şi să scap din mână cârma,
Şi lopeţile să-mi scape;

Să plutim cuprinşi de farmec
Sub lumina blândei lune –
Vântu-n trestii lin foşnească,
Unduioasa apă sune!

Dar nu vine... Singuratic
În zadar suspin şi sufăr
Lângă lacul cel albastru
Încărcat cu flori de nufăr.

Der See

Blauer See der Waldestiefe –
gelbe Wasserrosen decken
seinen Spiegel; weiße Ringe
hüpfen auf, ein Boot zu schrecken.

Und ich gehe an den Ufern
lauschend, harrend unbewußt,
daß sie sanft dem Schilf enttauche
und mir falle an die Brust,

daß wir in den Nachen stiegen,
daß von Wassers leisem Spielen
eingelullt der Hand das Steuer
und der Ruder Paar entfielen,

bis wir unter milden Mondes
Licht gebannt vom Zauber schweben –
Wind im Röhricht möge rauschen,
tönend sich die Woge heben!

Doch sie kommt nicht ... einsam seufzend
leide ich vergebne Schrecken
an dem blauen See, den schwere
Wasserrosenblüten decken.

Dorința

Vino-n codru la izvorul
Care tremură pe prund,
Unde prispa cea de brazde
Crengi plecate o ascund.

Și în brațele-mi întinse
Să alergi, pe piept să-mi cazi,
Să-ți desprind din creștet vălul,
Să-l ridic de pe obraz.

Pe genunchii mei ședea-vei,
Vom fi singuri-singurei,
Iar în păr înfiorate
Or să-ți cadă flori de tei.

Fruntea albă-n părul galben
Pe-al meu braț încet s-o culci,
Lăsând pradă gurii mele
Ale tale buze dulci…

Vom visa un vis ferice,
Îngâna-ne-vor c-un cânt
Singuratece izvoare,
Blânda batere de vânt;

Adormind de armonia
Codrului bătut de gânduri,
Flori de tei de-asupra noastră
Or să cadă rânduri-rânduri.

Der Wunsch

Komm zu mir zur Waldesquelle,
die da zittert im Gestein;
niederhangend hüllen Äste
unsre Rasenböschung ein.

In die Arme, die ich breite,
sollst du laufen, sinken mir
an die Brust, von Wang' und Scheitel
löse ich den Schleier dir;

wirst auf meinen Knien sitzen,
ganz allein sind wir, allein;
in das Haar, erschauernd, werden
dir die Lindenblüten schnein.

Sanft in meinen Arm gebettet
liegt im gelben Haar so weiß
deine Stirn, und meinen Lippen
gibt dein süßer Mund sich preis.

Träume träumen wir des Glückes,
eingelullt von dem Gesang
der geheimen Waldesquellen
und des Windes lindem Klang.

Schlafen ein von Harmonien,
die der Wald versonnen spricht;
auf uns fallen von der Linde
Blüten dicht an dicht an dicht.

Povestea teiului

– Blanca, știi că din iubire
Făr de lege te-ai născut;
Am jurat de la-nceput
Pe Hristos să-l iei de mire!

Îmbrăcându-te-n veșmântu-i,
Lepădând viața lumii,
Vei spăși greșala mumii
Și de-o crimă tu mă mântui.

– Traiul lumii, dragă tată,
Cine vor, aceia lese-l,
Dară sufletul mi-e vesel,
Tinerețea luminată;

Danțul, muzica, pădurea,
Pe acestea le-ndrăgii
Nu chiliile pustii
Unde plângi, gândind aiurea!

– Știu mai bine ce-ți priește,
Cum am spus, așa rămâne;
Pentru drumul cel de mâne
De cu azi te pregătește!

Mâna Ea la ochi și-o ține,
Toate mințile-și adună,
Să ia lumea-n cap, nebună,
Parc-atâta-i mai rămâne.

Das Märchen von der Linde

„Blanca, wisse, daß dein Leben
aus der Sünde ward geboren;
längst hab ich den Eid geschworen,
Christus dich zur Braut zu geben.

Dich entledigend des Bösen,
wirst du sein Gewand anlegen,
büßend – deiner Mutter wegen –
mich vom Frevel zu erlösen."

„Vater, wolle, wer da mag,
von der Erdenwelt sich lösen;
aber fröhlich ist mein Wesen,
aber strahlend ist mein Tag!

Die Musik, den Tanz, den Wald –
diese hab ich liebgewonnen –
nicht das Kloster, nicht die Nonnen,
nicht die Zellen eng und kalt!"

„Kind, ich kann dich besser leiten;
geh den Weg, den ich dir weise.
Auf die morgendliche Reise
magst du dich schon vorbereiten."

Halb erstarrt, die Hand vor Augen,
steht sie, sammelt ihre Sinne:
„Fliehe! In die Welt entrinne!"
scheint als einziger Rat zu taugen.

Calu-i alb, un bun tovarăş,
Înşeuat aşteapt-afară,
Ea picioru-l pune-n scară
Şi la codru pleacă iarăşi.

Sara vine din arinişti,
Cu miroase o îmbată,
Cerul stelele-şi arată,
Solii dulci ai lungii linişti.

Dar prin codri ea pătrunde
Lângă teiul vechi şi sfânt,
Ce cu flori pân-în pământ
Un izvor vrăjit ascunde.

Îngânat de glas de ape
Cânt-un corn cu-nduioşare
Tot mai tare şi mai tare,
Mai aproape, mai aproape;

Iar izvorul, prins de vrajă,
Răsărea, sunând din valuri –
Sus în codri de pe dealuri
Luna blândă ţine strajă. –

Ca din farmec *Ea* tresare.
Şi privind uimită-n lături,
Vede-un tânăr chiar alături,
Pe-un cal negru e călare ...

Oare ochii ei o mint,
Sau aievea-i, adevăru-i?

Harrt der Schimmel, ihr Gefährte,
nicht gesattelt drauß am Hügel?
Schon hat sie den Fuß im Bügel,
gibt dem Roß im Wald die Gerte.

Aus den Erlenwäldern steigen
Abendluft und Abendferne,
und der Himmel zeigt ihr Sterne:
Boten für ein langes Schweigen.

Aber sie dringt zwischen Bäumen
zu der heilig-alten Linde,
deren Blüten, deren Rinde
die verwunschne Quelle säumen.

Und begleitet von vertrauter
Wasser Stimme tönt ein weher
Hörnerklang von fern, und näher,
näher tönt er, laut und lauter.

Gleißend in der Zauberstunde
sprießt der Quell mit seiner Welle;
auf den Wäldern liegt die Helle
sanften Monds auf sanfter Runde.

Wie aus einem Zauber fährt
sie empor und sieht mit Beben
einen Jüngling grade eben
neben sich auf schwarzem Pferd.

Ist er Spiegelung der Lüfte?
Oder ist er wirklich? wahr?

Flori de tei el are-n păru-i
Și la șold un corn de-argint.

Ea privi atunci în jos,
Trece mâna pe la tâmple,
Iară inima-i se împle
De un farmec dureros.

El se da tot mai aproape
Și cerșea copilărește;
Al ei suflet se răpește
De închide-a ei pleoape.

Cu o mână îl respinge,
Dar se simte prinsă-n brațe,
De-o durere, de-o dulceață
Pieptul, inima-i se strânge.

Ar striga... și nu se-ndură,
Capu-i cade pe-a lui umăr,
Sărutări fără de număr
El îi soarbe de pe gură;

O desmiardă și-o întreabă,
Iar ea fața și-o ascunde,
Și așa de-ncet răspunde
Cu o voce dulce, slabă.

Tot alături călăresc,
Nu au grija nimănuia,
Și de dragi unul altuia
Ei din ochi se prăpădesc;

Lindenblüten trägt sein Haar
und ein Silberhorn die Hüfte.

Niederblickend erdenwärts
streicht sie über ihre Schläfe,
tief verwirrt das Herz, als träfe
sie ein wonniglicher Schmerz.

Näher kommt er, näher wieder,
bettelnd wie ein Kind mit Blicken,
ihre Seele füllt Entzücken,
und es sinken ihr die Lider.

Mit der Rechten, kaum bewußt,
wehrt sie ..., aber, ach, sie spürt
sich umschlungen, und es schnürt
wehe Süße ihr die Brust.

Schreien will sie ... doch ihr Haupt
ist ihm an den Hals gesunken,
wo er ihren Lippen trunken
ungezählte Küsse raubt.

Er liebkost sie und er fragt sie,
und sie birgt ihr Angesicht;
leise ihre Stimme spricht:
Süße schwache Worte sagt sie.

Ferne allem Erdentaugen
reiten, reiten sie selbander,
ach, vor Liebe zueinander
sich verschlingend mit den Augen.

Se tot duc, se duc mereu,
Trec în umbră, pier în vale,
Iară cornul plin de jale
Sună dulce, sună greu.

Blându-i sunet se împarte
Peste văi împrăștiet,
Mai încet, tot mai încet,
Mai departe... mai departe...

Sus în brazii de pe dealuri
Luna-n urmă ține strajă,
Iar izvorul, prins de vrajă,
Răsărea sunând din valuri.

Reiten, und der Rosse Füße
gehn durch Schatten, gehn durch Korn;
und voll Wehmut tönt das Horn
süße Schwere, schwere Süße.

Seine milden Klänge breiten
über alle Täler leise,
immer leiser, ihre Weise
und verklingen in den Weiten.

Auf den Tannen liegt die Helle
sanften Monds auf sanfter Runde;
und der Quell zur Zauberstunde
sprießt im Rauschen seiner Welle.

Atât de fragedă ...

Atât de fragedă, te-asemeni
Cu floarea albă de cireș,
Și ca un înger dintre oameni
În calea vieții mele ieși.

Abia atingi covorul moale,
Mătasa sună sub picior,
Și de la creștet pân-în poale
Plutești ca visul de ușor.

Din încrețirea lungii rochii
Răsai ca marmura în loc –
S-atârnă sufletu-mi de ochii
Cei plini de lacrimi și noroc.

O, vis ferice de iubire,
Mireasă blândă din povești,
Nu mai zâmbi! A ta zâmbire
Mi-arată cât de dulce ești,

Cât poți cu-a farmecului noapte
Să-ntuneci ochii mei pe veci,
Cu-a gurii tale calde șoapte,
Cu-mbrățișări de brațe reci.

Deodată trece-o cugetare,
Un văl pe ochii tăi fierbinți:
E-ntunecoasa renunțare,
E umbra dulcilor dorinți.

So zart ...

So zart bist du, gleichwie am Stengel
die weiße Kirschenblüte sitzt,
da aus der Menge wie ein Engel
du meinem Sein entgegentrittst.

Den Teppich kaum berührend, schreitest
du leicht; es rauscht dein seidner Saum;
vom Scheitel bis zur Sohle gleitest
du schwebend wie ein leichter Traum;

du wächst wie eine Marmorstele
aus dem Gefältel deines Kleids,
und ach – wie hängt sich dir die Seele
ans Auge voller Glücks und Leids!

O seligsüßer Traum der Liebe,
du meine sanfte Märchenbraut,
nicht lächle mehr! dein Blick beschriebe
mir, welche Süße von dir taut,

wie du das Aug mir zu verdüstern
vermöchtest mit des Zaubers Nacht,
mit deines Mundes warmem Flüstern,
dem kühlen Arm, der um mich wacht.

Auf einmal zieht dir ein Gedanke
den Schleier über deinen Blick:
von düsterem Verzicht, als schwanke
ein Schatten über solches Glück.

Te duci, ş-am înţeles prea bine
Să nu mă ţin de pasul tău,
Pierdută vecinic pentru mine,
Mireasa sufletului meu!

Că te-am zărit e a mea vină
Şi vecinic n-o să mi-o mai iert,
Spăşi-voi visul de lumină
Tinzându-mi dreapta în deşert.

Ş-o să-mi răsai ca o icoană
A pururi verginei Marii,
Pe fruntea ta purtând coroană –
Unde te duci? Când o să vii?

Du gehst, und wohl hab ich verstanden:
nicht soll ich folgen deinem Gang,
Braut meiner Seele du, abhanden
gekommen für ein Leben lang!

Dich zu erblicken, dich zu grüßen,
ist meine Schuld; den Traum des Lichts –
auf ewig werde ich ihn büßen,
die Rechte streckend nach dem Nichts.

Und du erscheinst wie die Ikone
der ewigen Jungfrau mir: Marie;
auf deiner Stirn trägst du die Krone.
Wo gehst du hin? Wann kommst du? Nie?

Sonete

I

Afară-i toamnă, frunză-mprăştiată,
Iar vântul zvârle-n geamuri grele picuri;
Şi tu citeşti scrisori din roase plicuri
Şi într-un ceas gândeşti la viaţa toată.

Pierzându-ţi timpul tău cu dulci nimicuri,
N-ai vrea ca nime-n uşa ta să bată;
Dar şi mai bine-i, când afară-i zloată
Să stai visând la foc, de somn să picuri.

Şi eu astfel mă uit din jeţ pe gânduri,
Visez la basmul vechi al zânei Dochii;
În juru-mi ceaţa creşte rânduri-rânduri;

Deodat-aud foşnirea unei rochii,
Un moale pas abia atins de scânduri...
Iar mâni subţiri şi reci mi-acopăr ochii.

II

Sunt ani la mijloc şi-ncă mulţi vor trece
Din ceasul sfânt în care ne-ntâlnirăm,
Dar tot mereu gândesc cum ne iubirăm,
Minune cu ochi mari şi mână rece.

O, vino iar! cuvinte dulci inspiră-mi,
Privirea ta asupra mea se plece,

Sonette

I

Draußen ist Herbst; verstreuten Laubes Schaum.
Der Wind wirft Tropfen gegens Fenster schwer.
Aus alter Post in brüchigem Couvert –
was steigt da auf in einer Stunde kaum!

So gibst du süßen Nichtigkeiten Raum;
an deiner Türe klopfe nirgendwer ...
Doch schöner noch, bei Schnee und Eis umher,
am Feuer sitzen, übermannt vom Traum.

Vom Traum, der mir in die Gedanken greift:
Die Fee des Märchens, Dochia, steigt hernieder,
indes ein dichter Nebel mich umschweift.

Das Rauschen eines Kleides hör ich wieder,
gelinden Schritt, der kaum die Diele streift;
und dünne Hände decken meine Lider.

II

Es gingen Jahre, neue gehn ins Land,
seit wir uns fanden in der heiligen Stunde;
doch immer bleibst du Wunder mir und Wunde:
mit großem Auge und mit kalter Hand.

O komm! gib neue Lieder meinem Munde,
senk deinen Blick auf meines Blickes Brand;

Sub raza ei mă lasă a petrece
Și cânturi nouă smulge tu din liră-mi.

Tu nici nu știi a ta apropiere
Cum inima-mi de-adânc o liniștește,
Ca răsărirea stelei în tăcere;

Iar când te văd zâmbind copilărește,
Se stinge-atunci o viață de durere,
Privirea-mi arde, sufletul îmi crește.

III

Când însuși glasul gândurilor tace,
Mă-ngână cântul unei dulci evlavii –
Atunci te chem; chemarea-mi asculta-vei?
Din neguri reci plutind te vei desface?

Puterea nopții blând însenina-vei
Cu ochii mari și purtători de pace?
Răsai din umbra vremilor încoace,
Ca să te văd venind – ca-n vis, așa vii!

Cobori încet... aproape, mai aproape,
Te pleacă iar zâmbind peste-a mea față,
A ta iubire c-un suspin arat-o,

Cu geana ta m-atinge pe pleoape,
Să simt fiorii strângerii în brațe –
Pe veci pierduto, vecinic adorato!

o laß mich weilen unter solchem Pfand
und reiß aus meiner Leier neue Kunde!

Du weißt gar nicht, wie mir dein Nahesein
das Herz bis in die tiefste Tiefe stillt,
wie Aufgang eines Sterns im Dämmerschein.

Du lächelst kindlich, und vor solchem Bild
erlischt ein ganzes Leben Höllenpein;
mir brennt der Blick, und meine Seele schwillt.

III

Wenn selbst die Stimme der Gedanken schweigt –:
von einer süßen Andacht Lied bewacht,
ruf ich nach dir! Wird meines Rufens Macht
erreichen, daß der kalte Nebel steigt?

Wirst du erhellen diesen dunklen Schacht
mit großem Auge, das mir Frieden zeigt?
Erscheine, aus den Schatten abgezweigt,
daß ich dich sehe wie im Traum der Nacht!

Steig näher zu mir nieder ... dichter ... dicht:
beug wieder lächelnd dich auf mein Gesicht –
o Seufzer, der mir alle Liebe gibt ...

Mit deinen Wimpern meine Lider rühre,
daß ich die Schauer der Umarmung spüre,
ewig Verlorne, ewiglich geliebt!

Revedere

– Codrule, codruţule,
Ce mai faci, drăguţule,
Că de când nu te-am văzut
Multă vreme au trecut
Şi de când m-am depărtat,
Multă lume am îmblat.

– Ia, eu fac ce fac de mult,
Iarna viscolu-l ascult,
Crengile-mi rupându-le,
Apele-astupându-le,
Troienind cărările
Şi gonind cântările;
Şi mai fac ce fac de mult,
Vara doina mi-o ascult
Pe cărarea spre izvor
Ce le-am dat-o tuturor,
Împlându-şi cofeile,
Mi-o cântă femeile.

– Codrule cu râuri line,
Vreme trece, vreme vine,
Tu din tânăr precum eşti
Tot mereu întinereşti.

– Ce mi-i vremea, când de veacuri
Stele-mi scânteie pe lacuri,
Că de-i vremea rea sau bună,
Vântu-mi bate, frunza-mi sună;
Şi de-i vremea bună, rea,

Wiedersehen

– Du mein Wald, mein Wäldchen du,
was, mein Lieber, triebest du;
Seit wir nimmer uns gesehn,
vieles ist seitdem geschehn;
seit ich fortging, mein Gespiel,
hab ich Welt bewandert viel.

– Tue, was ich immer tu,
hör dem Sturm des Winters zu,
wie er Zweige bricht, wie's taut,
wie er meine Wasser staut,
einschneit Pfad und Waldesrand
und die Lieder fortverbannt.
Und noch tu ich, was ich tu:
hör der Sommer-Doina zu
auf dem Weg zur Quelle, die
ich euch zum Geschenk verlieh;
Füllen sie den Krug an ihr,
singen sie die Frauen mir.

– Wald mit sanften Bächen, Lieber,
Zeit, sie kommt; Zeit geht vorüber;
Du, so jung du bist – und doch:
immer jünger wirst du noch.

– Zeit ... wenn seit Jahrhunderten
Sterne funkeln auf den Seen?
Ob das Wetter wüst, ob lind,
mir im Blattwerk rauscht der Wind;
ob das Wetter lind, ob wüst,

Mie-mi curge Dunărea.
Numai omu-i schimbător,
Pe pământ rătăcitor,
Iar noi locului ne ținem,
Cum am fost așa rămânem:
Marea și cu râurile,
Lumea cu pustiurile,
Luna și cu soarele,
Codrul cu izvoarele.

immer meine Donau fließt.
Nur der Mensch treibt ruheleer
auf der Erde sich umher;
wir doch, auf der Stelle hier
wo wir waren, bleiben wir:
Meer mit allen Flüssen sein,
Welt mit ihren Wüstenein,
Mond mitsamt dem Sonnenball,
Wald mit seinen Quellen all.

O, mamă...

O, mamă, dulce mamă, din negură de vremi
Pe freamătul de frunze la tine tu mă chemi;
Deasupra criptei negre a sfântului mormânt
Se scutură salcâmii de toamnă și de vânt,
Se bat încet din ramuri, îngână glasul tău...
Mereu se vor tot bate, tu vei dormi mereu.

Când voi muri, iubito, la creștet să nu-mi plângi;
Din teiul sfânt și dulce o ramură să frângi,
La capul meu cu grijă tu ramura s-o-ngropi,
Asupra ei să cadă a ochilor tăi stropi;
Simți-o-voi odată umbrind mormântul meu...
Mereu va crește umbra-i, eu voi dormi mereu.

Iar dacă împreună va fi ca să murim,
Să nu ne ducă-n triste zidiri de țintirim,
Mormântul să ni-l sape la margine de râu,
Ne pună-n încăperea aceluiași sicriu;
De-a pururea aproape vei fi de sânul meu...
Mereu va plânge apa, noi vom dormi mereu.

O Mutter ...

O Mutter, süße Mutter, aus Zeitennebel schwer
im Säusellaut der Blätter rufst du mich zu dir her;
auf deinem heiligen Grabe und seiner schwarzen Gruft
abwerfen die Akazien ihr Laub in Herbstes Luft.
Leis wehn die leeren Zweige, hör: sie begleiten dich ...
Sie werden ewig wehen, *du* – schlafen ewiglich.

Wenn ich einst sterbe, Liebste, nicht weine meinem Haupt;
brich von der heiligen Linde ein Zweiglein wohlbelaubt;
zu meinen Häupten sorglich grab ein das Lindenreis,
und deiner Augen Tropfen laß niederfallen leis.
Ein Baum wird überschatten
        dereinst mein Grab und mich;
er wird auf ewig wachsen, *ich* – schlafen ewiglich.

Und kommt es, daß zusammen wir sterben, ich und du,
nicht führe man den Mauern uns eines Kirchhofs zu;
am Rande eines Flusses grab' man uns beide ein;
man lege in den Raum uns desselben Sargs hinein.
Für immer meinem Busen dann nahe spür ich dich.
Der *Fluß* wird ewig weinen, *wir* – schlafen ewiglich.

Scrisoarea I

Când cu gene ostenite
    sara suflu-n lumânare,
Doar ceasornicul urmează
    lung-a timpului cărare,
Căci perdelele-ntr-o parte
    când le dai, și în odaie
Luna varsă peste toate
    voluptoasa ei văpaie,
Ea din noaptea amintirii
    o vecie-ntreagă scoate
De dureri, pe care însă
    le simțim ca-n vis pe toate.

Lună tu, stăpân-a mării,
    pe a lumii boltă luneci
Și gândirilor dând viață,
    suferințele întuneci;
Mii pustiuri scânteiază
    sub lumina ta fecioară,
Și câți codri-ascund în umbră
    strălucire de izvoară!
Peste câte mii de valuri
    stăpânirea ta străbate,
Când plutești pe mișcătoarea
    mărilor singurătate!
Câte țărmuri înflorite,
    ce palate și cetăți,
Străbătute de-al tău farmec
    ție singură-ți arăți!

Epistel I

Blase ich mit müden Wimpern
    abends meine Kerze aus,
folgt der Zeit auf langer Fährte
    nur die Wanduhr noch im Haus;
ist der Vorhang aufgezogen,
    und es gießt der Mond im Zimmer
seine wollustvolle Lohe
    aus, dann zieht der Strahlenschimmer,
der sich über alles breitet,
    aus des Innern dunklem Raum
eine Ewigkeit an Schmerzen,
    die wir fühlen wie im Traum.

Meeresherrin Mond, du gleitest
    durch der Welten Glanzgefunkel;
den Gedanken Leben gebend
    legst du meine Qual ins Dunkel;
tausend Wüsteneien gleißen,
    Jungfrau, unter deinem Leuchten,
und wie viele Wälder bergen
    Quellen in den Schattenfeuchten!
Über wievieltausend Wogen
    übst du, Herrin, deine Macht,
wenn du schwebest auf der schwanken
    Einsamkeit der Meeresnacht!
Wieviel blütenreiche Ufer,
    was für Burgen und Paläste,
ganz durchtränkt von deinem Zauber,
    zeigst du dir zu eignem Feste!

Și în câte mii de case
        lin pătruns-ai prin ferești,
Câte frunți pline de gânduri,
        gânditoare le privești!
Vezi pe-un rege ce-mpânzește
        globu-n planuri pe un veac,
Când la ziua cea de mâne
        abia cuget-un sărac...
Deși trepte osebite
        le-au ieșit din urna sorții,
Deopotrivă-i stăpânești
        raza ta și geniul morții;
La același șir de patimi
        deopotrivă fiind robi,
Fie slabi, fie puternici,
        fie genii ori neghiobi!

Unul caută-n oglindă
        de-și buclează al său păr,
Altul caută în lume
        și în vreme adevăr,
De pe galbenele file
        el adună mii de coji,
A lor nume trecătoare
        la însamnă pe răboj;
Iară altu-mparte lumea
        de pe scândura tărăbii,
Socotind cât aur marea
        poartă-n negrele-i corăbii.
Iar colo bătrânul dascăl,
        cu-a lui haină roasă-n coate,

Und in wievieltausend Häuser
        drangst du sanft auf deiner Bahn,
wieviel Stirnen voll Gedanken
        schaust du voll Gedanken an!
Siehst den König, der den Globus
        mit Jahrhundertwerk umwebt,
während mühevoll der Arme
        kaum von heut auf morgen lebt...
Ob auch ihres Loses Urne
        jedem andres Schicksal bot:
ganz in gleichem Maße treffen
        sie dein Strahl und Bruder Tod,
da sie ganz in gleichem Maße
        Sklaven sind der Leidenschaft,
ob Genie, ob Bild der Torheit,
        Bild der Schwäche, Bild der Kraft!

Einer sucht sein Haar zu kräuseln,
        vor dem Spiegel aufgestellt;
dort ein anderer sucht Wahrheit
        in der Zeit und in der Welt;
aus vergilbten Blättern klaubt er
        abertausend Nichtigkeiten,
sie zu schneiden samt verhallten
        Namen in das Holz der Zeiten;
andere, die Welt aufteilend
        von der Ladentheke her,
rechnen, wieviel Gold in schwarzen
        Segelschiffen trägt das Meer;
dort der ältliche Gelehrte,
        Ärmel blank und Rock verschlissen,

Într-un calcul fără capăt
>tot socoate şi socoate
Şi de frig la piept şi-ncheie
>tremurând halatul vechi,
Îşi înfundă gâtu-n guler
>şi bumbacul în urechi;
Uscăţiv aşa cum este,
>gârbovit şi de nimic,
Universul fără margini
>e în degetul lui mic,
Căci sub frunte-i viitorul
>şi trecutul se încheagă,
Noaptea-adânc-a veşniciei
>el în şiruri o dezleagă;
Precum Atlas în vechime
>sprijinea cerul pe umăr
Aşa el sprijină lumea
>şi vecia într-un număr.

Pe când luna străluceşte
>peste-a tomurilor bracuri,
Într-o clipă-l poartă gândul
>îndărăt cu mii de veacuri,
La-nceput, pe când fiinţă
>nu era, nici nefiinţă,
Pe când totul era lipsă
>de viaţă şi voinţă,
Când nu s-ascundea nimica,
>deşi tot era ascuns ...
Când pătruns de sine însuşi
>odihnea cel nepătruns.

reiht zu endloser Berechnung
    Zahl an Zahl in seinen Kissen;
kältezitternd knöpfen Finger
    vor der Brust am Kittelknopf;
tief im Kragen, Baumwollbäusche
    rechts und links ins Ohr gestopft,
hager, krummgebeugt und ärmlich,
    wie er ist: am Finger hält
er das ganze grenzenlose
    Universum; es vermählt
hinter seiner Stirn die Zukunft
    sich mit der Vergangenheit;
Zug um Zug fällt ihm der Schleier
    von der Nacht der Ewigkeit;
wie mit seiner Schulter Atlas
    unsern Himmel dazumal,
so stützt er des Universums
    Ewigkeit mit einer Zahl.

Während Mondlicht die Scharteken
    übergleitet Stück für Stück,
führt im Augenblick sein Denken
    ihn Jahrtausende zurück
an den Anfang, als es weder
    irgend Sein noch Nichtsein gab –
Leben weste ab in allem,
    allem weste Wille ab –;
als sich nichts verbarg, doch alles
    lag verborgen schluchtentief,
als der undurchdringlich Eine
    von sich selbst durchdrungen schlief:

Fu prăpastie? genune?
    Fu noian întins de apă?
N-a fost lume pricepută
    şi nici minte s-o priceapă,
Căci era un întuneric
    ca o mare făr-o rază,
Dar nici de văzut nu fuse
    şi nici ochi care s-o vază.
Umbra celor nefăcute
    nu-ncepuse-a se desface,
Şi în sine împăcată
    stăpânea eterna pace!...
Dar deodat-un punct se mişcă...
    cel întâi şi singur. Iată-l
Cum din chaos face mumă,
    iară el devine Tatăl...
Punctu-acela de mişcare,
    mult mai slab ca boaba spumii,
E stăpânul fără margini
    peste marginile lumii...
De atunci negura eternă
    se desface în făşii,
De atunci răsare lumea,
    lună, soare şi stihii...
De atunci şi până astăzi
    colonii de lumi pierdute
Vin din sure văi de chaos
    pe cărări necunoscute
Şi în roiuri luminoase
    izvorând din infinit,
Sunt atrase în viaţă
    de un dor nemărginit.

war es bodenloser Abgrund?
    Wasser, das unendlich schweift?
Nicht gab es begriffne Welten,
    nicht Verstand, der sie begreift.
Meeresgleiche Finsternisse
    ohne eine Spur von Licht,
nicht zu sehende, denn Augen,
    sie zu sehen, gab es nicht;
ungeschaffner Dinge Schatten,
    keine Lösung schuf er sich;
und in sich gefriedet ruhend
    herrschte Friede ewiglich! ...
Aber jäh regt sich der erste
    Punkt, der einzige. Gib acht,
wie das Chaos er zur Mutter
    und sich selbst zum Vater macht ...
Dieser Punkt, so schwach sich regend,
    schwächer als die Blase Schaums,
ist der unbeschränkte Herrscher,
    der die Schranken löst des Raums ...
Seither ists, daß sich die alte
    Finsternis in Bahnen trennt;
seither sprießt die Welt, es sprießen
    Sonne, Mond und Element ...
Seither und bis heute kommen
    Kolonien verlorner Sterne
unbekannte Pfade aus der
    grauen Chaos-Täler Ferne,
und ein grenzenloses Sehnen
    läßt in ganzen leuchtendhellen
Schwärmen sie, gelockt vom Leben,
    der Unendlichkeit entquellen:

Iar în lumea asta mare,
        noi copii ai lumii mici,
Facem pe pământul nostru
        muşunoaie de furnici;
Microscopice popoare,
        regi, oşteni şi învăţaţi
Ne succedem generaţii
        şi ne credem minunaţi;
Muşti de-o zi pe-o lume mică
        de se măsură cu cotul,
În acea nemărginire
        ne-nvârtim uitând cu totul
Cum că lumea asta-ntreagă
        e o clipă suspendată,
Că-ndărătu-i şi nainte-i
        întuneric se arată.
Precum pulberea se joacă
        în imperiul unei raze,
Mii de fire viorie
        ce cu raza încetează,
Astfel, într-a veciniciei
        noapte pururea adâncă,
Avem clipa, avem raza,
        care tot mai ţine încă ...
Cum s-o stinge, totul piere,
        ca o umbră-n întuneric,
Căci e vis al nefiinţii
        universul cel himeric ...

În prezent cugetătorul
        nu-şi opreşte a sa minte,

Und in dieser Welt der Größe,
    Kinder wir der kleinen Welt,
bauen wir auf unsrer Erde
    Ameishaufen ungezählt,
mikroskopisch kleine Völker,
    Herrscher, Krieger und Doktoren
halten Kind und Kindeskinder
    sich für groß und auserkoren –
Eintagsfliegen eines Weltleins,
    mit der Elle abzumessen,
drehn wir uns im Unermeßnen
    um uns selber und vergessen,
daß die Welt ein Augenblick ist,
    nur ein kurzes freies Schweben,
vor und hinter ihr von tiefer
    schwarzer Finsternis umgeben.
Wie das Stäubchen im Bereiche
    eines Sonnenschwadens blendet
– tausend violette Fäden,
    deren jeder mit ihm endet –,
also in der Ewigkeiten
    endlos tiefer Schwärze nährt
uns der Augenblick, der Strahl der
    Sonne, der noch immer währt.
Wie ein Schatten stirbt im Dunkeln,
    also, beim Vergehn des Lichts,
schwindet alles: denn Chimäre
    ist die Welt und Traum des Nichts' ...

Nicht hält in den Gegenwarten
    den Verstand der Denker an;

Ci-ntr-o clipă gându-l duce
      mii de veacuri înainte;
Soarele, ce azi e mândru,
      el îl vede trist şi roş
Cum se-nchide ca o rană
      printre nori întunecoşi,
Cum planeţii toţi îngheaţă
      şi s-azvârl rebeli în spaţ
Ei, din frânele luminii
      şi ai soarelui scăpaţi;
Iar catapeteasma lumii
      în adânc s-au înnegrit,
Ca şi frunzele de toamnă
      toate stelele-au pierit;
Timpul mort şi-ntinde trupul
      şi devine vecinicie,
Căci nimic nu se întâmplă
      în întinderea pustie,
Şi în noaptea nefiinţii
      totul cade, totul tace,
Căci în sine împăcată
      reîncep-eterna pace ...

*

Începând la talpa însăşi
      a mulţimii omeneşti
Şi suind în susul scării
      pân' la frunţile crăieşti,
De a vieţii *lor* enigmă
      îi vedem pe toţi munciţi,
Făr-a şti să spunem care
      ar fi mai nenorociţi ...

augenblicks trägt der Gedanke
        Jahrmillionen ihn voran;
die so herrlich ist: die Sonne
        sieht er traurig-ausgeloht
sich wie eine Wunde schließen
        zwischen Wolken dunkelrot;
die vereisenden Planeten
        sieht er preschen in das All,
nicht gezügelt mehr vom Lichte,
        losgelöst vom Sonnenball;
schwarz geworden in der Tiefe
        den Ikonostas der Welt,
wie das Herbstlaub in den Zweigen,
        so verdorrt das Sternenzelt;
die gestorbne Zeit streckt ihren
        Körper aus; zur Ewigkeit
dehnt sie sich; denn nichts geschieht mehr
        in der Öde weit und breit;
in das Nichts, in schwarzes Dunkel
        fällt das Seiende, und stumm
in sich eingefriedet dämmert
        ewiger Friede wiederum ...

*

Angefangen bei der Sohle,
        bei den Strolchen, bei den Dirnen,
und, erklimmen wir die Leiter,
        bis zu königlichen Stirnen:
alle sehen sie vom Rätsel
        ihres Lebens sich geplagt,
und wer mehr, wer minder elend,
        ist noch lange nicht gesagt ...

Unul e în toți, tot astfel
        precum *una* e în toate,
De asupra tuturora
        se ridică cine poate,
Pe când alții stând în umbră
        și cu inima smerită
Neștiuți se pierd în taină
        ca și spuma nezărită –
Ce-o să-i pese soartei oarbe
        ce vor ei sau ce gândesc?...
Ca și vântu-n valuri trece
        peste traiul omenesc.

Fericească-l scriitorii,
        toată lumea recunoască-l...
Ce-o să aibă din acestea
        pentru el, bătrânul dascăl?
Nemurire, se va zice.
        Este drept că viața-ntreagă,
Ca și iedera de-un arbor,
        de-o idee i se leagă.
„De-oi muri – își zice-n sine –
        al meu nume o să-l poarte
Secolii din gură-n gură
        și l-or duce mai departe,
De a pururi, pretutindeni,
        în ungherul unor crieri
Și-or găsi, cu al meu nume,
        adăpost a mele scrieri!"
O, sărmane! ții tu minte
        câte-n lume-ai auzit,

Jeder ist das Gleichnis aller,
        wie in allem eines webt;
über alle hebt sich jener,
        der vermag, was er erstrebt,
während andre, die voll Demut
        abseits und im Schatten stehn,
unbekannt und unauffällig
        schwinden und wie Schaum vergehn –
wird das blinde Schicksal kümmern,
        was ihr Wunsch ist und ihr Sinn?
Wie der Wind durch Wellen fegt es
        durch das Menschenleben hin.

Ob ihn die Chronisten feiern,
        ob die Welt ihn anerkennt –
hat der ältliche Gelehrte
        viel davon, daß man ihn nennt?
„Nun –: Unsterblichkeit!" Denn jenes
        Leben, dem sie sich verdankt,
hat, wie um den Baum der Efeu,
        sich um Höheres gerankt.
„Durch die Welt wird sich mein Name
        sprechen", denkt er: „Wenn ich sterbe,
lebt er fort von Mund zu Munde,
        den Jahrhunderten zum Erbe;
in den Winkeln mancher Hirne,
        überall, durch die Äonen,
stets verknüpft mit meinem Namen,
        werden meine Schriften wohnen!"
Ach du Armer! Weißt du etwa
        noch, was alles du erfahren,

Ce-ți trecu pe dinainte,
        câte singur ai vorbit?
Prea puțin. De ici, de colo
        de imagine-o fâșie,
Vre o umbră de gândire,
        ori un petec de hârtie;
Și când propria ta viață
        singur n-o știi pe de rost,
O să-și bată alții capul
        s-o pătrunză cum a fost?
Poate vrun pedant cu ochii
        cei verzui, peste un veac,
Printre tomuri brăcuite
        așezat și el, un brac,
Aticismul limbii tale
        o să-l pună la cântari,
Colbul ridicat din carte-ți
        l-o sufla din ochelari
Și te-o strânge-n două șiruri,
        așezându-te la coadă,
În vro notă prizărită
        sub o pagină neroadă.

Poți zidi o lume-ntreagă,
        poți s-o sfarămi... orice-ai spune,
Peste toate o lopată
        de țărână se depune.
Mâna care-au dorit sceptrul
        universului și gânduri
Ce-au cuprins tot universul
        încap bine-n patru scânduri...

was an dir vorbeigezogen,
> was du sprachst in all den Jahren?
Viel zu wenig weißt du ...: Fetzen
> noch von Bildern dort und hier,
Schatten nur noch von Gedanken,
> nur ein Zettelchen Papier;
kannst du dich des eignen Lebens
> nicht entsinnen Haar für Haar,
wer wird sich den Kopf zerbrechen,
> zu erforschen, wie es war?
Möglich, daß in hundert Jahren
> grünlich blickend ein Pedant,
zwischen Müll von Büchern sitzend,
> selber altem Müll verwandt,
deiner Sprache Attizismus
> auf die Waage legen wird –:
Staub von seiner Brille blasend,
> der aus deinen Büchern schwirrt,
wird er dich zusammenfassen
> auf zwei Zeilen, die zuletzt
er als Fußbemerkung unter
> eine dürre Seite setzt.

Welt erbaue, Welt zertrümmre,
> rede dies und andres noch:
über alles, alles legt sich
> eine Schaufel Erde doch;
Hand, die nach des Universums
> Zepter faßte – und Gedanken,
die die Welt umgriffen, finden
> Platz doch zwischen den vier Planken.

Or să vie pe-a ta urmă
        în convoi de-nmormântare,
Splendid ca o ironie
        cu priviri nepăsătoare...
Iar deasupra tuturora
        va vorbi vrun mititel,
Nu slăvindu-te pe tine...
        lustruindu-se pe el
Sub a numelui tău umbră.
        Iată tot ce te așteaptă.
Ba să vezi... posteritatea
        este încă și mai dreaptă.
Neputând să te ajungă,
        crezi c-or vrea să te admire?
Ei vor aplauda desigur
        biografia subțire
Care s-o-ncerca s-arate
        că n-ai fost vrun lucru mare,
C-ai fost om cum sunt și dânșii...
        Măgulit e fiecare
Că n-ai fost mai mult ca dânsul.
        Și prostatecele nări
Și le umflă orișicine
        în savante adunări
Când de tine se vorbește.
        S-a-nțeles de mai nainte
C-o ironică grimasă
        să te laude-n cuvinte.
Astfel încăput pe mâna
        a oricărui, te va drege,
Rele-or zice că sunt toate
        câte nu vor înțelege...

Hinter dir, wie wird man schreiten
    in solennem Leichenzug,
glänzend wie ein Paradoxon,
    teilnahmslos, zerstreut genug;
und herab auf alle wird ein
    Winzling seine Sprüche führen,
nicht um deines Ruhmes willen –,
    nein, sich selber zu polieren
unterm Schatten deines Namens.
    Das nur ists, was dich erwartet;
und paß auf: Die liebe Nachwelt
    ist gerechter noch geartet:
Kann sie dich nicht übertreffen –
    glaubst du, dann bewundert sie?
Applaudieren werden alle
    deiner Dünn-Biographie,
die versuchen wird zu zeigen,
    daß an dir nichts weiter ist
– nur ein Mensch wie alle andern –;
    schmeichelt es doch jederfrist,
daß du nicht von anderm Schlage
    warst als sie. Die dummen Nüstern
wird man blähn in der Versammlung
    der Gelehrten: denn mit Flüstern
hat man sich schon abgesprochen
    mit Kollegen und Konsorten,
mit ironischer Gebärde
    dich zu würdigen in Worten.
Bist du erst in ihren Händen,
    wirst du übel zugerichtet:
Schlecht ist, was sie nicht verstehen
    von dem Zeug, das du gedichtet;

Dar afară de acestea,
　　　　　vor căta vieții tale
Să-i găsească pete multe,
　　　　　răutăți și mici scandale –
Astea toate te apropie
　　　　　de dânșii ... Nu lumina
Ce în lume-ai revărsat-o,
　　　　　ci păcatele și vina,
Oboseala, slăbiciunea,
　　　　　toate relele ce sunt
Într-un mod fatal legate
　　　　　de o mână de pământ;
Toate micile mizerii
　　　　　unui suflet chinuit
Mult mai mult îi vor atrage
　　　　　decât tot ce ai gândit.

*

Între ziduri, printre arbori
　　　　　ce se scutură de floare,
Cum revarsă luna plină
　　　　　liniștita ei splendoare!
Și din noaptea amintirii
　　　　　mii de doruri ea ne scoate;
Amorțită li-i durerea,
　　　　　le simțim ca-n vis pe toate,
Căci în propria-ne lume
　　　　　ea deschide poarta-ntrării
Și ridică mii de umbre
　　　　　după stinsul lumânării ...
Mii pustiuri scânteiază
　　　　　sub lumina ta fecioară,

ferner werden sie versuchen,
> dich behandelnd, viele Flecken,
kleine Schwächen deines Lebens
> und Skandälchen aufzudecken:
kurz, dich ihnen anzunähern.
> Nicht, was du an Licht gegossen
über diese Welt, nein, deine
> Übel, deine Narrenpossen,
deine Müdigkeit und Schwäche,
> deine Schuld und deine Sünden,
die sich auf fatale Weise
> einer Handvoll Staub verbinden;
jede kleine Not, die eine
> arme Seele durchgemacht,
wird sie fesseln, mehr als alles,
> alles, was du je gedacht.

*

Zwischen Mauern, hin durch Bäume,
> deren Krone Blüten schneit,
wie der Vollmond hinverschwendet
> seine stille Herrlichkeit!
Tausend Sehnsuchtswünsche reißt er
> aus des Innern dunklem Raum;
taub sind ihre Schmerzen; alle
> fühlen wir sie wie im Traum;
denn zu unsern eignen Welten
> öffnet er das Eingangstor;
tausend Schatten, wenn der Kerze
> Licht erlosch, hebt er hervor;
tausend Wüsteneien gleißen,
> Jungfrau, unter deinem Licht,

Şi câţi codri-ascund în umbră
    strălucire de izvoară!
Peste câte mii de valuri
    stăpânirea ta străbate,
Când pluteşti pe mişcătoarea
    mărilor singurătate,
Şi pe toţi ce-n astă lume
    sunt supuşi puterii sorţii
Deopotrivă-i stăpâneşte
    raza ta şi geniul morţii!

und wie viele Wälder bergen
>   Quellen in den Schatten dicht!
Über wievieltausend Wogen
>   übst du, Herrin, deine Macht,
wenn du schwebest auf der schwanken
>   Einsamkeit der Meeresnacht.
Alle auf der Welt in ihres
>   zugemeßnen Schicksals Boot:
ganz in gleichem Maße treffen
>   sie dein Strahl und Bruder Tod!

Scrisoarea IV

Stă castelul singuratic,
        oglindindu-se în lacuri,
Iar în fundul apei clare
        doarme umbra lui de veacuri;
Se înalță în tăcere
        dintre rariștea de brazi,
Dând atâta întunerec
        rotitorului talaz.
Prin ferestrele arcate,
        după geamuri, tremur numa
Lungi perdele încrețite,
        care scânteie ca bruma.
Luna tremură pe codri,
        se aprinde, se mărește,
Muchi de stâncă, vârf de arbor,
        ea pe ceruri zugrăvește,
Iar stejarii par o strajă
        de giganți ce-o înconjoară,
Răsăritul ei păzindu-l
        ca pe-o tainică comoară.

Numai lebedele albe,
        când plutesc încet din trestii,
Domnitoare peste ape,
        oaspeți liniștei acestei,
Cu aripele întinse
        se mai scutură și-o taie,
Când în cercuri tremurânde,
        când în brazde de văpaie.

Epistel IV

Einsam steht das Schloß, sich spiegelnd
      in den Seen; und unterm glatten
klaren Wasser auf dem Grunde
      schläft jahrhundertlang sein Schatten;
schweigend, wie es aus der Lichtung
      seiner Tannen ragt, verleiht
es den Wellen, die in Ringen
      es umfluten, Dunkelheit.
An den Fenstern, den von Bögen
      überwölbten, zittern hinter
Scheiben krause Vorhangbahnen,
      glitzernd wie der Reif im Winter.
Vollmond zittert überm Saum der
      Wälder, wachsend, heller strahlend,
Felsenhäupter, Blätterkronen
      an die Himmelshelle malend;
und die Eichen scheinen Wache
      von Giganten, die den Ort
seines stillen Aufgangs hüten
      wie geheimnisvollen Hort.

Nur die weißen Schwäne, wenn sie
      allgemach dem Schilf entschweben,
Herren über dieses Wasser,
      Gäste dieser Stille, heben
noch die Fittiche; sie schütteln
      das Gefieder und durchschneiden
mal zu schwankem Kreis den Spiegel,
      mal zu leuchtenden Geschmeiden.

Papura se mișcă-n freamăt
        de al undelor cutrier.
Iar în iarba înflorită,
        somnoros suspin-un grier...
E atâta vară-n aer,
        e atât de dulce zvonul...

Singur numai cavalerul
        suspinând privea balconul
Ce-ncărcat era de frunze,
        de îi spânzur prin ostrețe
Roze roșie de Șiras
        și liane-n fel de fețe.
Respirarea cea de ape
        îl îmbată, ca și sara;
Peste farmecul naturii
        dulce-i picură ghitara:

„O, arată-mi-te iară-n
        haină lungă de mătasă,
Care pare încărcată
        de o pulbere-argintoasă,
Te-aș privi o viață-ntreagă
        în cununa ta de raze,
Pe când mâna ta cea albă
        părul galben îl netează.
Vino! Joacă-te cu mine...
        cu norocul meu... mi-arunc
De la sânul tău cel dulce
        floarea veștedă de luncă,
Ca pe coardele ghitarei
        răsunând încet să cadă...

Rauschend regt, durchschwappt vom Wasser,
    sich das Röhricht, und das stille
Wiesen-Blütenufer tönt vom
    schläfrigen Geseufz der Grille ...
Es ist so viel Sommer in der
    Luft, und derart süß der Ton ...

Nur der Ritter, liebeseufzend,
    blickt empor nach dem Balkon,
der beladen ist mit Blättern,
    daß durchs Gitter niederhängen
Ranken, zwischen deren Formen
    Rosen sich von Schiras drängen.
Süß berauscht des Wassers Atem
    wie der Abend sein Gefühl;
und es träufelt auf den Zauber
    der Natur sein Lautenspiel:

„O so zeige dich mir wieder
    und erscheine mir zu Häupten
in dem langen Kleid von Seide,
    dem wie silberüberstäubten!
Dann in deinem Strahlenkranze
    laß dich anschaun unverwandt,
wie du übers gelbe Haar dir
    streichst mit deiner weißen Hand!
Komm, und spiel mit mir ... mit meinem
    Glücke spiele ... wirf mir du,
ach, von deinem süßen Busen
    die verwelkte Blume zu,
daß sie leise klingend nieder
    auf die Lautensaiten fällt ...

Ah! E-atât de albă noaptea,
      parc-ar fi căzut zăpadă.
Ori în umbra parfumată
      a budoarului să vin,
Să mă-mbete acel miros
      de la pânzele de in;
Cupido, un paj şăgalnic,
      va ascunde cu-a lui mână,
Vioriul glob al lampei,
      mlădioasa mea stăpână!"

Şi uscat foşni mătasa
      pe podele, între glastre,
Între rozele de Şiras
      şi lianele albastre;
Dintre flori copila râde
      şi se-nclină peste gratii –
Ca un chip uşor de înger
      e-arătarea adoratei –
Din balcon i-aruncă-o roză
      şi cu mânile la gură,
Pare că îl dojeneşte
      când şopteşte cu căldură;
Apoi iar dispare-nluntru...
      auzi pasuri ce coboară...
Şi ieşind pe uşă iute,
      ei s-au prins de subsuară.
Braţ de braţ păşesc alături...
      le stă bine laolaltă,
Ea frumoasă şi el tânăr,
      el înalt şi ea înaltă.

Ah, wie weiß die Nacht ist ... so als
 läge Schnee auf dieser Welt.
Laß mich in die Schattendüfte
 ein des Boudoirs, daß drinnen
mich berausche dieser reine
 Duft von Stoff, von frischem Linnen;
und Cupido wird, ein Page,
 mit der Hand die veilchenblaue
Kugel deiner Lampe bergen,
 meine anmutvolle Fraue!"

Und ein trocknes Rauschen hört er:
 Seide gleitet über Dielen
zu den Scherben, wo die Rosen
 und die Ranken niederspielen;
aus den Blumen lacht das Mädchen,
 und sie beugt sich übers Gitter
– wie ein leichtes Engelsantlitz,
 so erscheint ihr Bild dem Ritter –,
Hände vor dem Mund, so wirft sie
 eine Rose vom Gemäuer,
und was scheint, als ob es schölte,
 ist ein Flüstern voller Feuer;
dann verschwindet sie nach drinnen –
 Schritte, die herabgelangen –
sieh: sie kommt; und vor der Türe
 halten sie sich schon umfangen.
Arm in Arm, so schreiten beide ...
 ein Gemälde, makellos:
sie ist schön und er ein Jüngling;
 er ist groß und sie ist groß.

Iar în umbra de la maluri
        se desface-acum la larg
Luntrea cu-ale ei vintrele
        spânzurate de catarg
Şi încet înaintează
        în lovire de lopeţi,
Legănând atâta farmec
        şi atâtea frumuseţi...

Luna... luna iese-ntreagă,
        se înalţ-aşa bălaie
Şi din ţărm în ţărm durează
        o cărare de văpaie,
Ce pe-o repede-nmiire
        de mici unde o aşterne
Ea, copila cea de aur,
        visul negurii eterne;
Şi cu cât lumina-i dulce
        tot mai mult se lămureşte,
Cu-atât valurile apei,
        cu-atât ţărmul parcă creşte,
Codrul pare tot mai mare,
        parcă vine mai aproape
Dimpreună cu al lunei
        disc, stăpânitor de ape.
Iară tei cu umbra lată
        şi cu flori până-n pământ
Înspre apa-ntunecată
        lin se scutură de vânt;
Peste capul blond al fetei
        zboară florile ş-o plouă...

Und im Schatten an den Ufern
 löst sich heimlich der befreite
Nachen mit dem Mast, den Segel
 überhängen, in die Weite;
langsam, langsam kommt er vorwärts
 mit des Ruders leisen Zügen,
die so vielen Reiz und Zauber
 und so große Schönheit wiegen ...

Luna ... Luna, nun erscheint sie
 ganz; sie steigt; aus ihrer Saat
sprießt vom einen bis zum andern
 Ufer auf ein Feuerpfad,
den sie breitet über rasche,
 kleine und vertausendfachte
Wellen, sie, das goldne Mädchen,
 das zum Traum der Nacht erwachte;
und je deutlicher ihr süßes
 Leuchten, desto höher schwellen
des Gewässers Wogen und die
 Ufer jenseits seiner Wellen;
größer scheint der Wald, als würde
 er zum Wasser hergeführt
samt des Mondes goldner Scheibe,
 die die Wasser all regiert.
Linden schütten sich mit breiten
 Schatten und mit dichter blasser
Blütenfülle bis zum Boden
 sanft im Wind aufs dunkle Wasser;
in das blonde Haar dem Mädchen
 fallen Blüten vom Geäst ...

Ea se prinde de grumazu-i
      cu mânuțele-amândouă
Și pe spate-și lasă capul:
      - Mă uimești dacă nu mântui...
Ah, ce fioros de dulce
      de pe buza ta cuvântu-i!
Cât de sus ridici acuma
      în gândirea ta pe-o roabă,
Când durerea ta din suflet
      este singura-mi podoabă.
Și cu focul blând din glasu-ți
      tu mă dori și mă cutremuri,
De îmi pare o poveste
      de amor din alte vremuri;
Visurile tale toate,
      ochiul tău atât de tristu-i,
Cu-a lui umed-adâncime
      toată mintea mea o mistui...
Dă-mi-i mie ochii negrii...
      nu privi cu ei în laturi,
Căci de noaptea lor cea dulce
      vecinic n-o să mă mai saturi –
Aș orbi privind într-înșii...
      O, ascultă numa-ncoace,
Cum la vorbă mii de valuri
      stau cu stelele proroace!
Codrii negri aiurează
      și izvoarele-i albastre
Povestesc ele-nde ele
      numai dragostele noastre
Și luceferii ce tremur
      așa reci prin negre cetini,

Sie, an seinem Hals mit beiden
    Händen hängend – sinken läßt
sie das Köpfchen hintenüber:
    „Staunen muß ich, fährst du fort –
ende, denn zu schaurig süß von
    deiner Lippe ist das Wort!
O wie hoch erhebst du jetzt in
    deinem Denken eine Magd,
wo mein ganzes Gut der Schmerz ist,
    der in deiner Seele nagt!
Deiner sanften Stimme Feuer
    weckt in mir ein solches Leid,
daß es mir wie Liebesmärchen
    vorkommt längstvergangner Zeit;
deine Träume, deine Augen –
    eine Trauer liegt darin,
daß mir ihre feuchte Tiefe
    aufzehrt meinen ganzen Sinn ...
Gib mir deine schwarzen Augen;
    laß sie nicht beiseite gehn,
ist an ihrem süßen Dunkel
    sich doch nimmer sattzusehn;
eher würd ich blind vom Schauen ...
    Höre, lausche in die Fernen:
tausende von Wellen reden
    mit den uralt-weisen Sternen!
Hör, die finsterschwarzen Wälder
    phantasieren; ihre blauen
Quellen, höre sie einander
    unsre Liebe anvertrauen;
das Gestirn, das kalt erzitternd
    hinter schwarzen Tannen rollt,

Tot pământul, lacul, cerul...
      toate, toate ni-s prietini...
Ai putea să lepezi cârma
      și lopețile să lepezi,
După propria lor voie
      să ne ducă unde repezi,
Căci oriunde numai ele
      ar dori ca să ne poarte,
Pretutindeni fericire...
      de-i viață, de e moarte.

*

Fantasie, fantasie,
      când suntem numai noi singuri,
Ce ades mă porți pe lacuri
      și pe mare și prin crânguri!
Unde ai văzut vrodată
      aste țări necunoscute?
Când se petrecur-aceste?
      La o mie patru sute?
Azi n-ai chip în toată voia
      în privirea-i să te pierzi,
Cum îți vine, cum îți place
      pe copilă s-o dezmierzi,
După gât să-i așezi brațul,
      gură-n gură, piept la piept,
S-o întrebi numai cu ochii:
      „Mă iubești tu? Spune drept!"
Aș! abia ți-ai întins mâna,
      sare ivărul la ușă,
E-un congres de rubedenii,
      vre un unchi, vre o mătușă...

Erde, See und Himmel – Freunde,
> Freunde sind sie und uns hold ...
Lassen könntest du das Steuer,
> lassen auch das Ruderschlagen,
daß nach ihrem eignen Willen
> uns die schnellen Wellen tragen,
denn an welches Ziel auch immer
> uns die Fahrt zu bringen droht:
überall ist ja das Glück nur,
> ob als Leben, ob als Tod."

*

Phantasie, o meine Freundin!
> sind wir beide nur alleine,
wie oft führst du mich auf Seen,
> über Meere und durch Haine?
Hat es in solch unbekannte
> Länder jemals dich verschlagen?
Hat sich das um vierzehnhundert?
> oder wann sich zugetragen?
Heute könntest du unmöglich
> ungehindert, unverstellt
dich in ihren Blick verlieren,
> herzend, wie es dir gefällt,
sie umhalsen, sie umarmen,
> Mund auf Mund und Brust an Brust,
und sie mit den Augen fragen:
> Liebst du mich? so sag es just!
Ach i wo! Kaum ist die Hand nur
> ausgestreckt: aufspringt die Tür,
ein Kongreß von Onkeln, Tanten
> und Verwandten quillt herfür ...

Iute capul într-o parte
        şi te uiţi în jos smerit...
Oare nu-i în lumea asta
        vrun ungher pentru iubit?
Şi ca mumii egiptene
        stau cu toţii-n scaun ţepeni,
Tu cu mânile-ncleştate,
        mai cu degetele depeni,
Mai suceşti vre o ţigară,
        numeri fire de musteţi
Şi-n probleme culinare
        te încerci a fi isteţ.

Sunt sătul de-aşa viaţă...
        nu sorbind a ei pahară,
Dar mizeria aceasta,
        proza asta e amară.
Să sfinţeşti cu mii de lacrimi
        un instinct atât de van
Ce le-abate şi la păsări
        de vreo două ori pe an?
Nu trăiţi voi, ci un altul
        vă inspiră – el trăieşte,
El cu gura voastră râde,
        el se-ncântă, el şopteşte,
Căci a voastre vieţi cu toate
        sunt ca undele ce curg,
Vecinic este numai râul:
        râul este Demiurg.
Nu simţiţi c-amorul vostru
        e-un amor străin? Nebuni!

Schnell zur Seite, fromm zur Erde
    nieder wird dein Blick getrieben ...
Ist auf dieser Welt denn nirgends
    nur ein Winkelchen zum Lieben?
Steif wie Mumien Ägyptens
    sitzen alle auf den Stühlen;
krampfhaft drehst du deine Däumchen,
    drehst, um irgendwas zu fühlen,
dir noch eine Zigarette,
    zählst des Nachbarn Schnurrbartwellen
und versuchst, bei kulinaren
    Themen dich gescheit zu stellen.

Überdrüssig bin ich eines
    Lebens, das die vollen Züge
aus dem Becher mir verweigert –
    bitter wird mir seine Lüge!
Tausend Tränen weihen einem
    aufgeblasenen Instinkt,
der sogar das Vogelvölkchen
    alle Jahr zweimal bezwingt?
Ihr nicht seid es, die da leben;
    's ist ein anderer, der lebt,
der mit eurem Munde lächelt,
    der da flüstert, lacht und bebt;
Wellen miteinander seid ihr
    eines Flusses, und der Fluß,
er allein ist ewig, er ist
    Demiurg und Genius!
Fühlt ihr nicht, daß eine fremde
    Liebe eure Liebe führt?

Nu simțiți că-n proaste lucruri
        voi vedeți numai minuni?
Nu vedeți c-acea iubire
        serv-o cauză din natură?
Că e leagăn unor vieți
        ce seminţe sunt de ură?
Nu vedeți că râsul vostru
        e în fiii voștri plâns,
Că-i de vină cum că neamul
        Cain încă nu s-a stâns?
O, teatru de păpușe...
        zvon de vorbe omenești,
Povestesc ca papagalii
        mii de glume și povești
Fără ca să le priceapă...
        După ele un actor
Stă de vorbă cu el însuși,
        spune zeci de mii de ori
Ce-a spus veacuri dupolaltă,
        ce va spune veacuri încă,
Pân' ce soarele s-o stinge
        în genunea cea adâncă.
Ce? Când luna se strecoară
        printre nouri, prin pustii,
Tu cu lumea ta de gânduri
        după ea să te aţii?
Să aluneci pe poleiul
        de pe ulițele ninse,
Să privești prin lucii geamuri
        la luminile aprinse
Și s-o vezi înconjurată
        de un roi de pierde-vară,

daß es die gemeinsten Dinge
      sind, was euch als Wunder rührt?
Seht ihr nicht, daß an der Liebe
      einzig die Natur gewinnt?
daß sie Wiege ist von Leben,
      welche Saat des Hasses sind?
Seht ihr nicht, daß euer Lachen
      eurer Söhne Weinen ist?
Sie ist schuld, daß Kains Sippe
      nicht erlosch zu ihrer Frist.
Welch ein Puppenspiel ... Geräusch von
      Worten, die wie Papageien
tausende von Witzen, Märchen
      schreiend aneinanderreihen,
die sie selber nicht verstehen ...
      So vergnügt ein Komödiant
sich mit Selbstgespräch, zehntausend
      Male sagend wie gebannt,
was er hunderte von Jahren
      schon sich selber aufgetischt,
und so weiter, bis die Sonne
      abgrundtief im Raum erlischt.
Was? Wenn einsam sich die Wolken
      von des Mondes Licht erhellen,
sei mit deinem innern Kosmos
      ihr – dem Mädchen – nachzustellen?
auf dem Eis verschneiter Straßen
      auszurutschen? durch die Scheiben,
hinter denen Lichter brennen,
      auszuspähen nach dem Treiben?
sie, umschwärmt von Tagedieben,
      im Gedränge auszumachen,

Cum zâmbeşte tuturora
    cu gândirea ei uşoară?
S-auzi zornetul de pinteni
    şi foşnirile de rochii,
Pe când ei sucesc musteaţa,
    iară ele fac cu ochii?
Când încheie cu-o privire
    amoroasele-nţelegeri,
Cu ridicula-ţi simţire
    tu la poarta ei să degeri?
Pătimaş şi îndărătnic
    s-o iubeşti ca un copil
Când ea-i rece şi cu toane
    ca şi luna lui april?
Încleştând a tale braţe
    toată mintea să ţi-o pierzi?
De la creştet la picioare
    s-o admiri şi s-o dezmierzi
Ca pe-o marmură de Paros
    sau o pânză de Corregio,
Când ea-i rece şi cochetă?
    Eşti ridicul, înţelege-o...
Da... visam odinioară
    pe acea ce m-ar iubi,
Când aş sta pierdut pe gânduri,
    peste umăr mi-ar privi,
Aş simţi-o că-i aproape
    şi ar şti c-o înţeleg...
Din sărmana noastră viaţă,
    am dura roman întreg...
N-o mai caut... Ce să caut?
    E acelaşi cântec vechi,

wie sie alle gängelt mit so
    oberflächlich leerem Lachen?
Sollst du auf das Sporenklirren
    lauschen und das Röckerauschen,
während *die* den Schnurrbart zwirbeln,
    jene heimlich Blicke tauschen?
Und wenn sie mit Augenblinzeln
    Liebespakte konkludieren,
darfst du voller lächerlicher
    Liebe vor der Tür erfrieren?
Leidenschaftlich sollst du lieben
    und beharrlich, ob sie still,
ob sie kalt ist oder launisch
    wie das Wetter im April?
Leere Luft umarmend, sollst du
    gänzlich den Verstand verlieren?
von der Sohle bis zum Scheitel
    sie mit Blicken karessieren
wie Gemälde von Correggio?
    wie antike Statuen?
wenn sie kühl ist und kokett ist?
    Lächerlich! Begreif es denn!
Ja ... ich träumte einst von jener,
    die mich liebte, der ich traute,
die, wenn ich versunken sönne,
    über meine Schulter schaute,
daß ich fühlte: sie ist nahe;
    und sie wüßte: ich verstehe ...
Und aus unserm armen Leben
    schüfen wir ein Kunstwerk ... Wehe,
nimmer such ich sie. Wo suchen?
    Ewig altes Lied; es singt

Setea liniștei eterne
         care-mi sună în urechi;
Dar organele-s sfărmate
         și-n strigări iregulare
Vechiul cântec mai străbate
         cum în nopți izvorul sare.
P-ici, pe colo mai străbate
         câte-o rază mai curată
Dintr-un Carmen saeculare
         ce-l visai și eu odată.
Altfel șuieră și strigă,
         scapără și rupt răsună,
Se împing tumultuoase
         și sălbatece pe strună,
Și în gându-mi trece vântul,
         capul arde pustiit,
Aspru, rece sună cântul
         cel etern neisprăvit...
Unde-s șirurile clare
         din viața-mi să le spun?
Ah! organele-s sfărmate
         și maestrul e nebun!

mir vom Durst nach ewiger Ruhe.
    Ja, es klingt im Ohr; es dringt
noch hervor wie wirre Schreie,
    wie des Nachts die Quelle sprießt;
doch die Harfe ist zertrümmert,
    und die Saiten hängen wüst.
Hier und da dringt noch ein zarter
    reinerer Akkord dem Ohr
aus dem Carmen Saeculare,
    das ich einst erträumt, hervor.
Sonst: ein Zischen nur, ein Schreien,
    das zerrissen und verrenkt
lärmend sich mit wildem Blitzen
    auf die Harfensaiten drängt.
Wind pfeift durch den wüsten Schädel,
    der mir ausgebrannt zersprang;
rauh und kalt auf ewig klingt der
    unvollendete Gesang ...
Wo sind meines Lebens klare
    Zeilen, sauber ausgedrückt?
Ach! die Harfe ist zerbrochen
    und der Musicus verrückt!

Scrisoarea V

Biblia ne povestește
        de Samson, cum că muierea,
Când dormea, tăindu-i părul,
        i-a luat toată puterea
De l-au prins apoi dușmanii,
        l-au legat și i-au scos ochii,
Ca dovadă de ce suflet
        stă în piepții unei rochii...
Tinere, ce plin de visuri
        urmărești vre o femeie,
Pe când luna, scut de aur,
        strălucește prin alee
Și pătează umbra verde
        cu misterioase dungi,
Nu uita că doamna are
        minte scurtă, haine lungi.
Te îmbeți de feeria
        unui mândru vis de vară,
Care-n *tine* se petrece...
        Ia întreab-o bunăoară –
O să-ți spuie de panglice,
        de volane și de mode,
Pe când inima ta bate
        ritmul sfânt al unei ode...
Când cochetă de-al tău umăr
        ți se razimă copila,
Dac-ai inimă și minte,
        te gândește la Dalila.

Epistel V

Samson, so erzählt die Bibel,
    wurde, als er mit dem Haupte
bei ihr lag, vom Weib geschoren,
    was ihn so der Kraft beraubte,
daß der Feind ihn fing, mit Stricken
    fesselte und ihm die Augen
ausstach zum Beweis, was Seelen
    unter Kleiderbusen taugen ...
Jüngling, der du voller Träume
    nachläufst einem Frauenzimmer
unterm goldnen Schild des Mondes,
    welcher die Allee mit Schimmer
und den grünen Schatten sprenkelt
    mit geheimnisvollen Flecken –
nicht vergiß: Es hat die Dame
    kurzen Sinn bei langen Röcken.
Dich berauschen Feerien –
    schöne Sommerträume schweifen
durch die Seele dir ... Na, frage
    sie doch mal! Sie wird von Schleifen
dir erzählen und von Rüschen,
    von der übernächsten Mode;
ach, und dir im Herzen pulsen
    heilige Rhythmen einer Ode ...
Lehnt kokett an deine Schulter
    sich das Mädchen, weich und nah,
dann, sofern du noch Verstand und
    Herz hast, denk an Dalila.

E frumoasă, se-nțelege...
    Ca copiii are haz,
Și când râde face încă
    și gropițe în obraz
Și gropițe face-n unghiul
    ucigașei sale guri
Și la degetele mâinii
    și la orice-ncheieturi.
Nu e mică, nu e mare,
    nu-i subțire, ci-mplinită,
Încât ai ce strânge-n brațe –
    numai bună de iubită.
Tot ce-ar zice, i se cade,
    tot ce face-i șade bine
Și o prinde orice lucru,
    căci așa se și cuvine.
Dacă vorba-i e plăcută,
    și tăcerea-i încă place;
Vorba zice: „fugi încolo",
    râsul zice: „vino-ncoace!"
Îmblă parcă amintindu-și
    vre un cântec, alintată,
Pare că i-ar fi tot lene
    și s-ar cere sărutată.
Și se nalță din călcâie
    să-ți ajungă pân la gură,
Dăruind c-o sărutare
    acea tainică căldură,
Ce n-o are decât numai
    sufletul unei femei...
Câtă fericire crezi tu
    c-ai găsi în brațul ei!

Sie ist schön, versteht sich ..., drollig,
  wie die Kinder unbefangen,
und sobald sie lacht, bekommt sie
  auch noch Grübchen in den Wangen,
Grübchen kriegt sie in den Winkeln
  ihres mörderischen Mundes,
Grübchen zieren ihr die Finger
  und ihr Handgelenk, ihr rundes –:
Weder klein noch groß noch mager:
  füllig ist sie, Milch und Blutes,
daß du etwas hast zum Drücken –
  etwas recht zum Lieben Gutes!
Was sie immer sagen möge,
  immer wird es zierlich passen;
und zum Schmuck gereicht ihr alles,
  all ihr Tun und all ihr Lassen.
Wenn ihr Reden angenehm ist,
  ists ihr Schweigen fast noch eher;
denn ihr Reden sagt: „Geh weg, du!",
  und ihr Lachen sagt: „Nur näher!"
Schreitend wiegt sie sich, als hätte
  sich in ihr ein Lied verfangen;
stillzufrieden immer scheint sie
  doch nach Küssen zu verlangen.
Und sie stellt sich auf die Zehen,
  um dir an den Mund zu reichen,
dir mit einem Kusse spendend
  das geheimnisvolle Zeichen
jener Wärme, welche einzig
  eine Frauenseele hat ...
Wie viel Glück – so glaubst du – hätte,
  ach, in ihren Armen statt!

Te-ai însenina văzându-i
> rumenirea din obraji –
Ea cu toane, o crăiasă,
> iar tu tânăr ca un paj –
Şi adânc privind în ochii-i,
> ţi-ar părea cum că înveţi
Cum viaţa preţ să aibă
> şi cum moartea s-aibă preţ.
Şi, înveninat de-o dulce
> şi fermecătoare jale,
Ai vedea în ea crăiasa
> lumii gândurilor tale,
Aşa că, închipuindu-ţi
> lăcrămoasele ei gene,
Ţi-ar părea mai mândră decât
> Venus Anadyomene,
Şi, în chaosul uitării,
> oricum orele alerge,
Ea, din ce în ce mai dragă
> Ţi-ar cădea pe zi ce merge.

Ce iluzii! Nu-nţelegi tu,
> din a ei căutătură,
Că deprindere, grimasă
> este zâmbetul pe gură,
Că întreaga-i frumuseţe
> e în lume de prisos,
Şi că sufletul ţi-l pierde
> fără de nici un folos?
În zadar boltita liră,
> ce din şapte coarde sună,

Das Erröten ihrer Wangen
    würde dir zur heitern Labe
– sie wie Königinnen launisch,
    du ein junger Edelknabe –;
und ein tiefer Blick in ihrer
    Augen Paar, so glaubst du, lehrte,
was das Menschenleben wert ist
    und der Tod von welchem Werte.
Und vergiftet von dem Zauber
    dich erfüllend süßer Wehmut
sähest du in ihr die Herrin
    deines Denkens, deiner Demut,
bis sie, wenn du dir die Wimper
    vorstellst und daran die Träne,
dir noch Venus überträfe,
    Venus Anadyomene;
und im Chaos des Vergessens –
    stumm vergeht der Stundenschlag –
würde sie dir lieb und lieber
    immer mehr von Tag zu Tag.

Was für Illusionen! Blick in
    ihre Blicke und erfasse,
daß das Lächeln ihrer Lippen
    nur Gewohnheit ist, Grimasse;
daß aus ihrer ganzen Schönheit
    Überfluß und Leere winkt,
daß sie ohne jeden Nutzen
    dich um deine Seele bringt.
Ganz umsonst wird die gewölbte
    Lyra sieben Saiten tragen,

Tânguirea ta de moarte
        în cadenţele-i adună;
În zadar în ochi avea-vei
        umbre mândre din poveşti,
Precum iarna se aşează
        flori de gheaţă pe fereşti,
Când în inimă e vară...;
        în zadar o rogi: „Consacră-mi
Creştetul cu-ale lui gânduri,
        să-l sfinţesc cu-a mele lacrămi!"
Ea nici nu poate să-nţeleagă
        că nu *tu* o vrei... că-n tine
E un demon ce-nsetează
        după dulcile-i lumine,
C-acel demon plânge, râde,
        neputând s-auză plânsu-şi,
Că o vrea... spre-a se-nţelege
        în sfârşit pe sine însuşi,
Că se zbate ca un sculptor
        fără braţe şi că geme
Ca un maistru ce-asurzeşte
        în momentele supreme,
Pân-a nu ajunge-n culmea
        dulcii muzice de sfere,
Ce-o aude cum se naşte
        din rotire şi cădere.
Ea nu ştie c-acel demon
        vrea să aibă de model
Marmura-i cu ochii negri
        şi cu glas de porumbel
Şi că nu-i cere drept jertfă
        pe-un altar înalt să moară

die zu tönenden Kadenzen
    sammeln deine Todesklagen;
ganz umsonst im Auge trägst du
    schöne Schatten alter Märchen –
Winterfrost sät übers Fenster
    Blumen mit kristallnen Härchen,
wo doch Sommer ist im Herzen ...
    Ganz vergebens flehst du: „Leihe
mir dein Ohr, leih mir dein Denken,
    daß ich es mit Tränen weihe!"
Nicht einmal begreifen kann sie,
    daß nicht du es bist, der trachtet,
daß in dir ein Dämon nistet,
    der nach ihren Lichtern schmachtet,
daß er weint und lacht, der Dämon,
    doch nichts hört von seinem Weinen,
daß er *sie* will, um sich endlich
    seines Innern klar zu scheinen;
daß er wie ein Maler ohne
    Arme sich in Qualen windet,
daß er aufstöhnt wie ein Meister,
    der ertaubt, eh sich geründet
sein Gesang aus schwellend-süßen
    Klängen – Harmonie der Sphären –,
die er hört, wie kreisend, fallend
    sie aus Wirbeln sich gebären ...
Nicht erkennt sie, daß der Dämon
    zum Modell erkoren ihren
Marmor, den die schwarzen Augen
    und die Taubenstimme zieren,
doch verzichtend auf das Opfer,
    daß sie stürbe, wie im hehren

Precum în vechimea sfântă
　　　se junghiau odinioară
Virginile ce stătură
　　　sculptorilor de modele,
Când tăiau în marmor chipul
　　　unei zâne după ele.

S-ar pricepe pe el însuşi
　　　acel demon ... s-ar renaşte,
Mistuit de focul propriu,
　　　el atunci s-ar recunoaşte
Şi, pătruns de-ale lui patimi
　　　şi amoru-i, cu nesaţiu
El ar frânge-n vers adonic
　　　limba lui ca şi Horaţiu;
Ar atrage-n visu-i mândru
　　　a izvoarelor murmuri,
Umbra umedă din codri,
　　　stelele ce ard de-a pururi,
Şi-n acel moment de taină,
　　　când s-ar crede că-i ferice,
Poate-ar învia în ochiu-i
　　　ochiul lumii cei antice
Şi cu patimă adâncă
　　　ar privi-o s-o adore,
De la ochii ei cei tineri
　　　mântuirea s-o implore;
Ar voi în a lui braţe
　　　să o ţină-n veci de veci,
Dezgheţând cu sărutarea-i
　　　raza ochilor ei reci.

Altertum geschlachtet wurden
        auf den heiligen Altären
jene Jungfraun, wenn den Bildnern
        sie Modell gestanden hatten
zu den Göttinnen, die diese
        schnitten in die Marmorplatten.

Neu geboren wär der Dämon;
        endlich lernte er, vom Brennen
seiner innerlichen Gluten
        aufgezehrt, sich selber kennen,
und, von seinen Qualen, seiner
        Liebe trunken, gierig, bräche
er die Sprache, bis horazisch
        sie adonische Verse spräche,
bis, gelockt in seinen schönen
        Traum, der Murmellaut der Quelle,
bis das Schattenfeucht der Wälder,
        bis der Sterne ewige Helle,
bis, als ob sich endlich, endlich
        ihm das Glücksgeheimnis künde,
ach, in seinem Aug das Auge
        jener alten Welt erstünde –
tief und leidenschaftlich blickte
        er in ihre jungen Augen,
um sie anzubeten, um aus
        ihnen Seelenheil zu saugen;
sie in Ewigkeit zu halten
        so, in seinen Arm gerissen,
ach, und um des Auges kalten
        Strahl zu schmelzen ihr mit Küssen.

Căci de piatră de-ar fi, încă
    s-a-ncălzi de-atât amor,
Când căzându-i în genunche,
    i-ar vorbi tânguitor,
Fericirea înecându-l,
    el ar sta să-nnebunească,
Ca-n furtuna lui de patimi
    şi mai mult să o iubească.
Ştie oare ea că poate
    ca să-ţi dea o lume-ntreagă,
C-aruncându-se în valuri
    şi cercând să te-nţeleagă
Ar împle-a ta adâncime
    cu luceferi luminoşi?

Cu zâmbiri de curtezană
    şi cu ochi bisericoşi,
S-ar preface că pricepe.
    Măgulite toate sunt
De-a fi umbra frumuseţii
    cei eterne pe pământ.
O femeie între flori zi-i
    şi o floare-ntre femei –
Ş-o să-i placă. Dar o pune
    să aleagă între trei
Ce-o-nconjoară, toţi zicând că
    o iubesc – cât de naivă –
Vei vedea că de odată
    ea devine pozitivă.
Tu cu inima şi mintea
    poate eşti un paravan

Wäre sie ein Stein, es müßte
    so viel Liebe sie erwärmen,
solches Auf-den-Knien-liegen,
    solch ein schmerzerfülltes Schwärmen,
wenn er, halb erstickt von Wonne,
    an des Wahnsinns Rand getrieben,
glüht im Sturm der Leidenschaften,
    sie noch mehr, noch mehr zu lieben.
Weiß sie, daß sie fähig wäre,
    eine ganze Welt zu schenken,
würfe sie sich in die Woge?
    Daß sie, teilte sie dein Denken,
strahlende Gestirne in die
    Tiefe deines Abgrunds säte?

Sie, mit Kurtisanenlächeln
    und mit frommer Miene, täte
so, als ob sie dich verstünde.
    Denn geschmeichelt sind sie alle,
daß sie Schatten ewiger Schönheit
    seien auf dem Erdenballe.
Nenn sie Frau ob allen Blüten,
    nenn sie Blüte aller Frauen,
und ihr wirds behagen. Aber
    laß sie in der Nähe schauen
drei, die ihr von Liebe reden,
    denn, und wär sie noch so schüchtern,
du wirst sehen, wie sie plötzlich
    praktisch-taktisch wird und nüchtern.
Du mit deinem Sinn und Herzen
    stehst zum Wandschirm aufgebockt,

După care ea atrage
>vre un june curtezan,
Care intră ca actorii
>cu păsciorul mărunțel,
Lăsând val de mirodenii
>și de vorbe după el,
O chiorește cu lornionul,
>butonat cu o garofă,
Operă croitorească
>și în spirit și în stofă;
Poate că-i convin tuspatru
>craii cărților de joc
Și-n cămara inimioarei
>i-aranjează la un loc...
Și când dama cochetează
>cu privirile-i galante,
Împărțind ale ei vorbe
>între-un crai bătrân și-un fante,
Nu-i minune ca simțirea-i
>să se poată înșela,
Să confunde-un crai de pică
>cu un crai de mahala...
Căci cu dorul tău demonic
>va vorbi călugărește,
Pe când craiul cel de pică
>de s-arată, pieptu-i crește,
Ochiul înghețat i-l umplu
>gânduri negre de amor
Și deodată e vioaie,
>stă picior peste picior,
Ș-acel sec în judecata-i
>e cu duh și e frumos...

hinter dem sie irgendeinen
    jungen Schnösel an sich lockt,
der, wie auf dem Stadttheater,
    zierlich in das Zimmer schreitend
und von Worten und Gewürzen
    eine Welle um sich breitend,
sie beäugt durch die Lorgnette –
    Knopfloch paßt zur Nelkenblüte –:
eine Schneiderarbeit eben,
    wie im Stoff, so im Gemüte.
Sind ihr zwei, drei, sind ihr alle
    Kartenkönige angenehm?
In das Kämmerlein des Herzens
    passen alle vier bequem.
Kokettiert die Dame nämlich,
    mit verliebten Blicken peilend,
ihre Worte mit dem alten
    König und dem Buben teilend,
ist es dann ein Wunder, wenn ihr
    Fühlen, innerlich geprellt,
einen Vorstadtpickelhering
    für Pik-Kartenkönig hält ...
Denn zum Hunger deines Dämons
    redet sie wie eine Nonne,
während, wenn Pik-König auftaucht,
    ihr der Busen schwillt vor Wonne;
und auf einmal sitzt sie lebhaft
    schwatzend, ein Bein überm andern;
heimlich in das Eis des Auges
    schwarze Liebeswünsche wandern;
und der öde Bursche hat in
    ihren Augen Reiz und Witz ...

A visa că adevărul
        sau alt lucru de prisos
E în stare ca să schimbe
        în natur-un fir de păr,
Este piedica eternă
        ce-o punem la adevăr.

Aşadar, când plin de visuri,
        urmăreşti vre o femeie,
Pe când luna, scut de aur,
        străluceşte prin alee
Şi pătează umbra verde
        cu fantasticele-i dungi:
Nu uita că doamna are
        minte scurtă, haine lungi.
Te îmbeţi de feeria
        unui mândru vis de vară,
Care-n *tine* se petrece...
        Ia întreab-o, bunăoară,
Ş-o să-ţi spuie de panglice,
        de volane şi de mode,
Pe când inima ta bate-n
        ritmul sfânt al unei ode...
Când vezi piatra ce nu simte
        nici durerea şi nici mila –
De ai inimă şi minte –
        feri în lături, e Dalila!

Tja, zu träumen, daß die Wahrheit
    und dergleichen Kinkerlitz
nur ein Härchen ändern könnten
    an dem Sosein der Natur,
stellt, auf ewig sie verhindernd,
    sich der Wahrheit in die Spur.

Also, wenn du voller Träume
    nachläufst einem Frauenzimmer
unterm goldnen Schild des Mondes,
    welcher die Allee mit Schimmer
und den grünen Schatten sprenkelt
    mit geheimnisvollen Flecken –
nicht vergiß: Es hat die Dame
    kurzen Sinn bei langen Röcken.
Dich berauschen Feerien –
    schöne Sommerträume schweifen
durch die Seele dir ... Na, frage
    sie doch mal! Sie wird von Schleifen
dir erzählen und von Rüschen,
    von der übernächsten Mode;
ach, und dir im Herzen pulsen
    heilige Rhythmen einer Ode ...
Wenn du einen Stein siehst, – weder
    Schmerzgefühl noch Mitleid da –,
dann, sofern du noch Verstand hast –
    weiche: Es ist Dalila!

Luceafărul

A fost odată ca-n poveşti,
　A fost ca niciodată,
Din rude mari împărăteşti,
　O prea frumoasă fată.

Şi era una la părinţi
　Şi mândră-n toate cele,
Cum e fecioara între sfinţi
　Şi luna între stele.

Din umbra falnicelor bolţi
　Ea pasul şi-l îndreaptă
Lângă fereastră, unde-n colţ
　Luceafărul aşteaptă.

Privea în zare cum pe mări
　Răsare şi srăluce,
Pe mişcătoarele cărări
　Corăbii negre duce.

Îl vede azi, îl vede mâni,
　Astfel dorinţa-i gata:
El iar, privind de săptămâni,
　Îi cade dragă fata.

Cum ea pe coate-şi răzima
　Visând ale ei tâmple,
De dorul lui şi inima
　Şi sufletu-i se împle.

Der Abendstern

Es war einmal, so singt ein Lied
  von alter Märchen Art,
aus Kaiser-Adel und -Geblüt
  ein Mädchen wunderzart.

Sie war der Eltern einzig Kind,
  an Glanz der Jungfrau gleich
im Chor der Heiligen, und dem Mond
  in der Gestirne Reich.

Aus schattender Gewölbepracht
  tritt sie im Dämmer gern
zum Fenster, harrend auf die Nacht
  und auf den Abendstern,

und sieht, wie über dem Gestad
  aufgehend er ergleißt
und übers Meer den schwanken Pfad
  den schwarzen Segeln weist.

So schaut sie, schaut ihn überm Meer,
  und ihre Sehnsucht schwillt;
auch er – seit Wochen schaut er her –
  verliebt sich in ihr Bild.

Wenn ihr in aufgestützter Hand
  verträumt die Schläfe ruht,
dann füllt sich, heiß nach ihm entbrannt,
  die Seele ihr mit Glut.

Şi cât de viu s-aprinde el
   În orişicare sară,
Spre umbra negrului castel
   Când ea o să-i apară.

*

Şi pas cu pas pe urma ei
   Alunecă-n odaie,
Ţesând cu recile-i scântei
   O mreajă de văpaie.

Şi când în pat se-ntinde drept
   Copila să se culce,
I-atinge mânile pe piept,
   I-nchide geana dulce;

Şi din oglindă luminiş
   Pe trupu-i se revarsă,
Pe ochii mari, bătând închişi
   Pe faţa ei întoarsă.

Ea îl privea cu un surâs,
   El tremura-n oglindă,
Căci o urma adânc în vis
   De suflet să se prindă.

Iar ea vorbind cu el în somn,
   Oftând din greu suspină:
– O, dulce-al nopţii mele domn,
   De ce nu vii tu? Vină!

Und wie erglüht er flammendhell
  am Abendfirmament,
wenn er im schattenden Kastell
  von ferne sie erkennt.

*

Bis Schritt um Schritt auf ihrer Spur
  er in das Zimmer schwebt,
mit seinen Funken kalt und pur
  ein Netz von Feuer webt,

und, wenn das Mädchen schlafgeführt
  sich auf ihr Lager streckt,
die Hand auf ihrer Brust berührt,
  ihr sanft die Wimper deckt.

Vom Spiegel gießt er sich als Licht
  auf ihren Leib, ihr Haar,
ihr hergewandtes Angesicht,
  ihr flatternd Liderpaar.

Sie sieht ihn lächelnd an – er bebt
  im Spiegel im Gemach,
denn tief schon in die Träume strebt
  er ihrer Seele nach,

wo sie, in Träumen seufzend schwer
  und schluchzend zu ihm spricht:
„Du meiner Nächte süßer Herr,
  komm! Warum kommst du nicht?

Cobori în jos, luceafăr blând,
　　Alunecând pe-o rază,
Pătrunde-n casă și în gând
　　Și viața-mi luminează!

El asculta tremurător,
　　Se aprindea mai tare
Și s-arunca fulgerător,
　　Se cufunda în mare;

Și apa unde-au fost căzut
　　În cercuri se rotește,
Și din adânc necunoscut
　　Un mândru tânăr crește.

Ușor el trece ca pe prag
　　Pe marginea ferestei
Și ține-n mână un toiag
　　Încununat cu trestii.

Părea un tânăr voievod
　　Cu păr de aur moale,
Un vânăt giulgi se-ncheie nod
　　Pe umerele goale.

Iar umbra feței străvezii
　　E albă ca de ceară –
Un mort frumos cu ochii vii
　　Ce scânteie-n afară.

– Din sfera mea venii cu greu
　　Ca să-ți urmez chemarea,

O steig herab auf einem Strahl,
   du sanfter Stern! gesell
dich den Gedanken und dem Saal,
   und mach mein Leben hell!"

Er hörte zitternd zu, und mehr
   und mehr erglühte er;
und wie ein Blitzstrahl stürzte er
   herab und sank ins Meer;

und wo er stürzte, wallt im Rund
   ein Wogenschwall hervor;
und aus der Tiefe wächst vom Grund
   ein schöner Knab empor.

Wie über eine Schwelle tritt
   er über Fensters Rand,
und einen Stab, gekränzt mit Schilf,
   trägt er in seiner Hand.

Er scheint ein junger Wojewod
   mit Haaren weichen Golds;
ein Schleier, nachtblau, abendrot,
   fließt um die Schultern stolz.

Durchsichtig ist und wächsern weiß
   der Schatten des Gesichts:
ein schöner Toter blickt im Kreis
   mit Augen voller Lichts.

„Mit Mühe suchte ich zu dir
   den Weg aus meiner Höh;

Iar cerul este tatăl meu
  Şi mumă-mea e marea.

Ca în cămara ta să vin,
  Să te privesc de-aproape,
Am coborât cu-al meu senin
  Şi m-am născut din ape.

O, vin'! odorul meu nespus,
  Şi lumea ta o lasă;
Eu sunt luceafărul de sus,
  Iar tu să-mi fii mireasă.

Colo-n palate de mărgean
  Te-oi duce veacuri multe,
Şi toată lumea-n ocean
  De tine o s-asculte.

– O, eşti frumos, cum numa-n vis
  Un înger se arată,
Dară pe calea ce-ai deschis
  N-oi merge niciodată;

Străin la vorbă şi la port,
  Luceşti fără de viaţă,
Căci eu sunt vie, tu eşti mort,
  Şi ochiul tău mă-ngheaţă.

*

Trecu o zi, trecură trei
  Şi iarăşi, noaptea, vine

der Himmel ist der Vater mir
  und Mutter mir die See.

Zu kommen in dein Kämmerlein,
  daß ich dir nahe wär,
stieg ich herab mit meinem Schein,
  und mich gebar das Meer.

Verlaß, mein allerliebster Hort,
  was dir bekannt und traut;
ich bin der Stern vom Himmel dort,
  und du sei meine Braut!

In Schlössern von Korallen dann
  bin ich auf ewig dein,
und alles in dem Ozean
  soll dir gehorsam sein!"

„Oh, du bist schön und Engeln gleich,
  die man im Traum gesehn,
und doch: Den Weg zu deinem Reich,
  ich werd ihn nimmer gehn.

Fremd mir an Sprache und Gebot,
  leblos erstrahlst du mir;
ich bin lebendig, du bist tot,
  und ich erfriere schier."

*

Ein Tag verging, es gingen drei,
  und aber-, abermal

Luceafărul deasupra ei
  Cu razele-i senine.

Ea trebui de el în somn
  Aminte să-şi aducă
Şi dor de-al valurilor domn
  De inim-o apucă:

– Cobori în jos, luceafăr blând,
  Alunecând pe-o rază,
Pătrunde-n casă şi în gând
  Şi viaţa-mi luminează!

Cum el din cer o auzi,
  Se stinse de durere,
Iar ceru-ncepe a roti
  În locul unde piere;

În aer rumene văpăi
  Se-ntind pe lumea-ntreagă,
Şi din a chaosului văi
  Un mândru chip se-ncheagă;

Pe negre viţele-i de păr
  Coroana-i arde pare,
Venea plutind în adevăr
  Scăldat în foc de soare.

Din negru giulgi se desfăşor
  Marmoreele braţe,
El vine trist şi gânditor
  Şi palid e la faţă;

schwebt über ihr der Stern herbei
   mit seinem klaren Strahl.

Im Schlaf entsinnt sie sich des Traums,
   und es ergreift sie Schmerz:
Der Herr der Wellen und des Schaums
   packt wiederum ihr Herz.

„O steig herab auf einem Strahl,
   du sanfter Stern! gesell
dich den Gedanken und dem Saal,
   und mach mein Leben hell!"

Wie er sie hört vom Himmel her,
   voll Qualen er erlischt,
aufwallt der Himmel ringsumher,
   wo er versinkt in Gischt;

in roten Flammen greift der Wind
   aus über Berg und Wald,
und aus des Chaos' Tal gewinnt
   ein schöner Leib Gestalt.

Auf seinen schwarzen Locken brennt
   ein Diadem erlaucht;
er schwebt im Wahrheits-Element,
   in Sonnenglut getaucht.

Aus schwarzem Schleier heben sich
   die Arme marmorgleich;
er kommt, das Antlitz königlich
   voll Trauer, sinnend, bleich,

Dar ochii mari şi minunaţi
  Lucesc adânc himeric,
Ca două patimi fără saţ
  Şi pline de-ntuneric.

— Din sfera mea venii cu greu
  Ca să te-ascult ş-acuma,
Şi soarele e tatăl meu,
  Iar noaptea-mi este muma;

O, vin', odorul meu nespus,
  Şi lumea ta o lasă;
Eu sunt luceafărul de sus,
  Iar tu să-mi fii mireasă.

O, vin', în părul tău bălai
  S-anin cununi de stele,
Pe-a mele ceruri să răsai
  Mai mândră decât ele.

— O, eşti frumos, cum numa-n vis
  Un demon se arată,
Dară pe calea ce-ai deschis
  N-oi merge niciodată!

Mă dor de crudul tău amor
  A pieptului meu coarde,
Şi ochii mari şi grei mă dor,
  Privirea ta mă arde.

— Dar cum ai vrea să mă cobor?
  Au nu-nţelegi tu oare,

die Augen doch chimärisch licht
  und wundergroß und -weit
– zwei tiefe Qualen, ungestillt –
  und voller Dunkelheit.

„Noch einmal aus der Höh zu dir
  hab ich den Weg vollbracht;
der Himmel ist der Vater mir,
  die Mutter mir die Nacht.

Komm, unaussprechlich süßer Hort,
  laß, was dir lieb und traut;
ich bin der Stern vom Himmel dort,
  und du sei meine Braut!

Komm, und von Sternen Kränze dir
  flecht ich ums blonde Haupt,
bis es die Himmel über mir
  um ihren Glanz beraubt!"

„Oh, du bist schön, Dämonen gleich,
  die wir im Traum gesehn,
jedoch den Weg zu deinem Reich,
  ich werd ihn nimmer gehn!

Denn deine Liebe sprengt das Herz
  und seine Saiten mir;
dein großes Auge macht mir Schmerz;
  dein Blick verbrennt mich schier."

„Warum dann wünschst du mich herab?
  Vielleicht, weil du vergißt,

Cum că eu sunt nemuritor,
   Şi tu eşti muritoare?

– Nu caut vorbe pe ales,
   Nici ştiu cum aş începe –
Deşi vorbeşti pe înţeles,
   Eu nu te pot pricepe;

Dar dacă vrei cu crezământ
   Să te-ndrăgesc pe tine,
Tu te coboară pe pământ,
   Fii muritor ca mine.

– Tu-mi cei chiar nemurirea mea
   În schimb pe-o sărutare,
Dar voi să ştii asemenea
   Cât te iubesc de tare;

Da, mă voi naşte din păcat,
   Primind o altă lege;
Cu vecinicia sunt legat,
   Ci voi să mă dezlege.

Şi se tot duce … S-a tot dus.
   De dragu-unei copile,
S-a rupt din locul lui de sus,
   Pierind mai multe zile.

*

În vremea asta Cătălin,
   Viclean copil de casă,

daß ich das ewige Leben hab
  und daß du sterblich bist?"

„Ich weiß nicht, wie man frei heraus
  beginnt und Wahrheit spricht:
Du freilich sprichst es deutlich aus,
  und doch begreif ichs nicht.

Doch willst du wirklich, daß ich mich
  verliebe wahr und fromm,
dann werde sterblich so wie ich,
  und auf die Erde komm!"

„Abforderst du für einen Kuß
  mir die Unsterblichkeit –
doch siehe: Meine Lieb ist groß:
  Ich bin dazu bereit!

Zu eurer Art gebäre ich
  mich aus der Sünde neu;
der Ewigkeit gehöre ich,
  doch lasse sie mich frei!"

Und er entfernt sich fort und fort –
  so daß um Mädchenlieb
sein zugemeßner Sternenort
  taglang verlassen blieb.

*

Indessen schleicht ein Knabe frisch,
  der schlaue Catalin,

Ce împle cupele cu vin
  Mesenilor la masă,

Un paj ce poartă pas cu pas
  A-mpărătesii rochii,
Băiat din flori şi de pripas,
  Dar îndrăzneţ cu ochii,

Cu obrăjei ca doi bujori
  De rumeni, bată-i vina,
Se furişează pânditor
  Privind la Cătălina.

Dar ce frumoasă se făcu
  Şi mândră, arz-o focul;
Ei Cătălin, acu-i acu
  Ca să-ţi încerci norocul.

Şi-n treacăt o cuprinse lin
  Într-un ungher degrabă.
– Da' ce vrei, mări Cătălin?
  Ia du-t' de-ţi vezi de treabă.

– Ce voi? Aş vrea să nu mai stai
  Pe gânduri totdeuna,
Să râzi mai bine şi să-mi dai
  O gură, numai una.

– Dar nici nu ştiu măcar ce-mi ceri,
  Dă-mi pace, fugi departe –
O, de luceafărul din cer
  M-a prins un dor de moarte.

der an dem kaiserlichen Tisch
  den Wein reicht her und hin,

ein Page, der der Kaiserin
  die Schleppe tragen darf,
ein hergelaufnes Bankert-Kind
  mit Augen frech und scharf,

mit Wänglein, die, zum Kuckuck, blühn
  rot wie ein Rosenstrauß –
der schleicht um Catalina hin
  auf Schritt und Tritt im Haus.

Wie prächtig und wie schön ist sie
  geworden! Unverzagt –:
Jetzt, Catalin, jetzt oder nie!
  Jetzt sei dein Glück gewagt!

Und im Vorbeigehn faßt er jäh
  sie um die Mitte fein.
„Na hör mal, Catalin! He! he!
  Was willst du denn! laß sein!"

„Was ich denn will? Mach einmal Schluß
  mit deinem Grübeln hier!
Lach lieber! Und gib einen Kuß,
  nur einen, einen mir!"

„Dein Wunsch steht mir so weltenfern,
  daß ich ihn kaum versteh.
Geh! Nach des Himmels Abendstern
  trag ich ein tödlich Weh."

– Dacă nu ştii, ţi-aş arăta
　Din bob în bob amorul,
Ci numai nu te mânia,
　Ci stai cu binişorul.

Cum vânătoru-ntinde-n crâng
　La păsărele laţul,
Când ţi-oi întinde braţul stâng
　Să mă cuprinzi cu braţul;

Şi ochii tăi nemişcători
　Sub ochii mei rămâie...
De te înalţ de subsuori
　Te-nalţă din călcâie;

Când faţa mea se pleacă-n jos,
　În sus rămâi cu faţa,
Să ne privim nesăţios
　Şi dulce toată viaţa;

Şi ca să-ţi fie pe deplin
　Iubirea cunoscută,
Când sărutându-te mă-nclin,
　Tu iarăşi mă sărută.

Ea-l asculta pe copilaş
　Uimită şi distrasă,
Şi ruşinos şi drăgălaş,
　Mai nu vrea, mai se lasă,

Şi-i zise-ncet: – Încă de mic
　Te cunoşteam pe tine,

„Wenn du ihn nicht verstehst – ich will
  dich gern die Liebe lehren;
nur sei nicht zornig, bleib fein still,
  und laß sie dir erklären:

Leg ich, wie Jäger, die im Wald
  den Vöglein Schlingen flechten,
den linken Arm um dich – alsbald
  umfaß mich mit dem rechten!

Und deine Augen sollen steif
  in meine Augen sehen;
heb ich dich an den Achseln auf,
  so stell dich auf die Zehen.

Und neigt sich mein Gesicht zu dir,
  so mußt du deines heben:
Süß-unersättlich blicken wir
  uns an ein ganzes Leben!

Und noch ein letztes gebe ich
  dir von der Lieb zu wissen:
Beug ich mich vor und küsse dich,
  mußt du mich wiederküssen!"

Sie hörte, was der Knabe sprach,
  verwundert und erpicht,
verschämt sich zierend, duldend-schwach,
  bald wollend und bald nicht;

und endlich schöpft sie leise Mut:
  „Von klein auf kenn ich dich:

Şi guraliv şi de nimic,
  Te-ai potrivi cu mine...

Dar un luceafăr, răsărit
  Din liniştea uitării,
Dă orizon nemărginit
  Singurătăţii mării;

Şi tainic genele le plec,
  Căci mi le împle plânsul
Când ale apei valuri trec
  Călătorind spre dânsul;

Luceşte c-un amor nespus,
  Durerea să-mi alunge,
Dar se înalţă tot mai sus,
  Ca să nu-l pot ajunge.

Pătrunde trist cu raze reci
  Din lumea ce-l desparte...
În veci îl voi iubi şi-n veci
  Va rămânea departe...

De-aceea zilele îmi sunt
  Pustii ca nişte stepe,
Dar nopţile-s de-un farmec sfânt
  Ce nu-l mai pot pricepe.

– Tu eşti copilă, asta e...
  Hai ş-om fugi în lume,
Doar ni s-or pierde urmele
  Şi nu ne-or şti de nume,

ein Schwätzer und ein Tunichtgut –
   du schicktest dich für mich ...

Doch ging ein lichter Stern mir auf
   aus dem Vergessen her,
und unermeßlich macht sein Lauf
   die Einsamkeit, das Meer.

Und heimlich senkt sich mir das Lid;
   die Flut der Tränen naht,
wenn Wassers Well auf Welle zieht
   zu ihm hin ihren Pfad;

er leuchtet gegen meinen Schmerz
   mit hoher Liebe an;
doch höher steigt er himmelwärts,
   daß ich nicht folgen kann.

Es dringt sein traurig-kaltes Glühn
   durch Sphären, tief entzweit;
und ewig, ewig lieb ich ihn,
   und ewig bleibt er weit.

Darum, sind mir die Tage gleich
   wie öde Steppen wüst –:
die Nächte sind an Zauber reich,
   der nicht zu messen ist."

„Du bist ein Kind! Komm, laß uns nur
   ins Weite fliehen, Kind;
vielleicht verliert man unsre Spur,
   nicht weiß man, wer wir sind;

Căci amândoi vom fi cuminți,
  Vom fi voioși și teferi,
Vei pierde dorul de părinți
  Și visul de luceferi.

*

Porni luceafărul. Creșteau
  În cer a lui aripe,
Și căi de mii de ani treceau
  În tot atâtea clipe.

Un cer de stele dedesupt,
  Deasupra-i cer de stele –
Părea un fulger nentrerupt
  Rătăcitor prin ele.

Și din a chaosului văi,
  Jur împrejur de sine,
Vedea, ca-n ziua cea dentâi,
  Cum izvorau lumine;

Cum izvorând îl înconjor
  Ca niște mări, de-a-notul...
El zboară, gând purtat de dor,
  Pân' piere totul, totul;

Căci unde-ajunge nu-i hotar,
  Nici ochi spre a cunoaște,
Și vremea-ncearcă în zadar
  Din goluri a se naște.

wir werden beide wacker sein,
   gesund und froh – und kaum
kennst du dann mehr die Eltern dein
   und deinen Sternentraum."

*

Der Abendstern brach auf. Es wuchs
   ihm ein Paar Flügel zu.
Jahrtausendbahn durchmaß er flugs
   in tausendfachem Nu.

Und Sternenwelten über ihm
   und drunten Sternenwelt,
und er: ununterbrochner Blitz,
   der flirrend sie durchschnellt.

Und aus den Chaos-Tälern rings
   umher so schwarz und vag
sieht er: wie Schwärme Lichts entspringts,
   als wärs der erste Tag.

Wie es entspringend ihn umwallt,
   wie Meere strömend, fliegt
er, ein Gedanke, bis das All
   um ihn versiegt, versiegt;

denn keine Grenze weit und breit
   noch Auge, sie zu sehn;
vergeblich müht sich ab die Zeit,
   aus Leere zu entstehn.

Nu e nimic şi totuşi e
    O sete care-l soarbe,
E un adânc asemene
    Uitării celei oarbe.

– De greul negrei vecinicii,
    Părinte, mă dezleagă
Şi lăudat pe veci să fii
    Pe-a lumii scară-ntreagă;

O, cere-mi, Doamne, orice preţ,
    Dar dă-mi o altă soarte,
Căci tu izvor eşti de vieţi
    Şi dătător de moarte;

Reia-mi al nemuririi nimb
    Şi focul din privire,
Şi pentru toate dă-mi în schimb
    O oră de iubire...

Din chaos, Doamne,-am apărut
    Şi m-aş întoarce-n chaos...
Şi din repaos m-am născut,
    Mi-e sete de repaos.

– Hyperion, ce din genuni
    Răsai c-o-ntreagă lume,
Nu cere semne şi minuni
    Care n-au chip şi nume;

Tu vrei un om să te socoţi,
    Cu ei să te asameni?

Es ist das pure Nichts, und doch,
  ein Dürsten saugt es ein,
ein Abgrund, bodenloses Loch,
  blindes Vergessensein.

„Entbinde von der Schwere mich
  der schwarzen Ewigkeit,
und allenthalben ewiglich
  sei, Vater, benedeit!

Verlange jeden Preis, o Herr,
  doch gib mir andres Los;
denn du bist aller Leben Quell
  und Spender du des Tods.

Den Nimbus der Unsterblichkeit,
  die Glut in meinem Blick –
für eine Liebesstunde nimm,
  o Vater, sie zurück!

Dem Chaos, wie es vor mir war,
  ihm streb ich wieder zu;
die Ruhe wars, die mich gebar –
  nun dürstet mich nach Ruh!"

„Hyperion, mitsamt dem All
  entsprungen dunklem Schoß,
verlange nicht nach Wunderfall
  gestalt- und namenlos!

Mensch willst du sein? Das Menschentum
  annehmen? Sohn, gemach!

Dar piară oamenii cu toți,
  S-ar naște iarăși oameni.

Ei numai doar durează-n vânt
  Deșerte idealuri –
Când valuri află un mormânt,
  Răsar în urmă valuri;

Ei doar au stele cu noroc
  Și prigoniri de soarte,
Noi nu avem nici timp, nici loc,
  Și nu cunoaștem moarte.

Din sânul vecinicului ieri
  Trăiește azi ce moare,
Un soare de s-ar stinge-n cer
  S-aprinde iarăși soare;

Părând pe veci a răsări,
  Din urmă moartea-l paște,
Căci toți se nasc spre a muri
  Și mor spre a se naște.

Iar tu, Hyperion, rămâi
  Oriunde ai apune...
Cere-mi cuvântul meu dentâi –
  Să-ți dau înțelepciune?

Vrei să dau glas acelei guri,
  Ca dup-a ei cântare
Să se ia munții cu păduri
  Și insulele-n mare?

Bedenke: Kämen alle um,
  es wüchsen neue nach!

Sie gründen (und der Wind verweht)
  ihr sinnlos Ideal;
die Welle stirbt, die nächste steht
  schon auf im Wellental.

Sie haben nur Gewogenheit
  des Glücks und Schicksalsnot
– wir haben weder Raum noch Zeit
  und kennen keinen Tod.

Ein Gestern, welches ewig währt,
  gebiert, was heute blüht;
wo eine Sonne sich verzehrt,
  die nächste auferglüht.

Für ewig scheint sie aufzugehn
  – der Tod folgt ihrer Furt:
ein ewiges Zum-Tod-Entstehn
  und Sterben zur Geburt.

Du aber bleibst Hyperion,
  wo du auch untergehst ...
Soll ich dir Weisheit geben, Sohn,
  daß du das All verstehst?

Willst du, daß diesem deinem Mund
  ich leihe solchen Sang,
daß Berge, Wald und Meeresgrund
  nachziehen seinem Klang?

Vrei poate-n faptă să arăți
   Dreptate și tărie?
Ți-aș da pământul în bucăți
   Să-l faci împărăție.

Îți dau catarg lângă catarg,
   Oștiri spre a străbate
Pământu-n lung și marea-n larg,
   Dar moartea nu se poate...

Și pentru cine vrei să mori?
   Întoarce-te, te-ndreaptă
Spre-acel pământ rătăcitor
   Și vezi ce te așteaptă.

*

În locul lui menit din cer
   Hyperion se-ntoarse
Și, ca și-n ziua cea de ieri,
   Lumina și-o revarsă.

Căci este sara-n asfințit
   Și noaptea o să-nceapă;
Răsare luna liniștit
   Și tremurând din apă

Și împle cu-ale ei scântei
   Cărările din crânguri.
Sub șirul lung de mândri tei
   Ședeau doi tineri singuri:

Strebst du nach Recht, nach Edelsinn
  und hoher Heldentat?
In Stücken nimm die Erde hin,
  erbaue Reich und Staat!

Ich geb dir Mast an Masten, Heer
  an Heer – durchstreife mir
die Erde kreuz, die Meere quer –:
  den Tod verweigr' ich dir!

Für wen auch willst du sterben? Geh
  zu deiner hohen Warte;
und schau hinab wie eh und je,
  und sieh, was deiner harrte!"

*

So, nach Hyperions Wiederkehr
  ins alte Himmelshaus,
gießt sich von neuem über Meer
  und Land die Lohe aus.

Es senkt sich Abenddämmrung schon;
  die Nacht nimmt ihren Lauf;
still und erzitternd steigt der Mond
  aus dunklem Wasser auf

und füllt die Pfade und durchblitzt
  mit Funkellicht den Hain:
Bei schöner Linden Reihe sitzt
  ein junges Paar allein.

– O, lasă-mi capul meu pe sân,
　　Iubito, să se culce
Sub raza ochiului senin
　　Şi negrăit de dulce;

Cu farmecul luminii reci
　　Gândirile străbate-mi,
Revarsă linişte de veci
　　Pe noaptea mea de patimi.

Şi de asupra mea rămâi
　　Durerea mea de-o curmă,
Căci eşti iubirea mea dentâi
　　Şi visul meu din urmă.

Hyperion vedea de sus
　　Uimirea-n a lor faţă;
Abia un braţ pe gât i-a pus
　　Şi ea l-a prins în braţe ...

Miroase florile-argintii
　　Şi cad, o dulce ploaie,
Pe creştetele-a doi copii
　　Cu plete lungi, bălaie.

Ea, îmbătată de amor,
　　Ridică ochii. Vede
Luceafărul. Şi-ncetişor
　　Dorinţele-i încrede:

– Cobori în jos, luceafăr blând,
　　Alunecând pe-o rază,

„O Liebste, an den Busen dein
  laß betten mich das Haupt
bei deines Auges süßem Schein,
  der mir die Worte raubt!

Mit seines kühlen Lichtes Macht
  klär die Gedanken kraus
und gieße Ruh auf meine Nacht
  der Leidenschaften aus,

und bleibe über mir und gib
  dem Schmerz nicht weiter Raum:
denn du bist meine erste Lieb
  und allerletzter Traum."

Hyperion vom Himmelszelt
  sieht sie verzückt und weich:
kaum daß er sie umfangen hält,
  umarmt sie ihn sogleich.

Es duften Silberblüten lind
  und regnen wunderbar
dem einen und dem andern Kind
  ins lange blonde Haar.

Sie, liebetrunken, hebt das Aug
  und sieht auf ferner Bahn
den Abendstern. Und still vertraut
  sie ihm ihr Wünschen an:

„O steig herab auf deinem Strahl,
  du sanfter Stern! entzück

Pătrunde-n codru și în gând,
  Norocu-mi luminează!

El tremură ca alte dăți
  În codri și pe dealuri,
Călăuzind singurătăți
  De mișcătoare valuri;

Dar nu mai cade ca-n trecut
  În mări din tot înaltul:
– Ce-ți pasă ție, chip de lut,
  Dac-oi fi eu sau altul?

Trăind în cercul vostru strâmt
  Norocul vă petrece,
Ci eu în lumea mea mă simt
  Nemuritor și rece.

mir die Gedanken und das Tal,
  erleuchte mir mein Glück!"

Er zittert wieder und ergleißt
  auf Hügel, Wald und Steg;
der Einsamkeit der Wellen weist
  er ihren schwanken Weg;

doch nimmer stürzt sein Himmelslicht
  aus höchster Höh ins Meer:
„Was kümmerts dich, du Lehmgesicht,
  ob ichs bin oder der?

Euch hat auf eurem kleinen Feld
  das Glück in der Gewalt –
indessen ich in meiner Welt
  unsterblich bin und kalt."

S-a dus amorul...

S-a dus amorul, un amic
   Supus amândurora,
Deci cânturilor mele zic
   Adio tuturora.

Uitarea le închide-n scrin
   Cu mâna ei cea rece,
Și nici pe buze nu-mi mai vin,
   Și nici prin gând mi-or trece.

Atâta murmur de izvor,
   Atât senin de stele,
Și un atât de trist amor
   Am îngropat în ele!

Din ce noian îndepărtat
   Au răsărit în mine!
Cu câte lacrimi le-am udat,
   Iubito, pentru tine!

Cum străbăteau atât de greu
   Din jalea mea adâncă,
Și cât de mult îmi pare rău
   Că nu mai sufăr încă!

Că nu mai vrei să te arați
   Lumină de-ndeparte,
Cu ochii tăi întunecați
   Renăscători din moarte!

Fort ist die Liebe

Fort ist die Liebe, ein Vasall,
  der uns gehorsam war;
so sag ich meinen Liedern all
  Adé auf immerdar.

„Vergessen" schließt sie in den Schrein
  mit seiner kalten Hand.
Nie wieder fallen sie mir ein,
  nie seien sie genannt.

Wie vieler Quellen Rauschen und
  wie viel an Sternensinn
und Liebe, wehmutvoll und wund,
  begrub ich nicht darin!

Aus welcher Sphärenharmonie
  sind sie gekeimt in mir;
mit wieviel Tränen hab ich sie
  begossen, Liebste, dir!

Wie drangen sie hervor so schwer
  aus meinem tiefen Tal;
wie traur' ich, daß ich nimmermehr
  darf leiden jene Qual,

daß du nicht mehr als fernes Licht
  dich spendest meiner Not,
mit deinen dunklen Augen nicht
  mich auferweckst vom Tod

Și cu acel smerit surâs,
  Cu acea blândă față,
Să faci din viața mea un vis,
  Din visul meu o viață.

Să mi se pară cum că crești
  De cum răsare luna,
În umbra dulcilor povești
  Din nopți o mie una.

Era un vis misterios
  Și blând din cale-afară,
Și prea era de tot frumos
  De-au trebuit să piară.

Prea mult un înger mi-ai părut
  Și prea puțin femeie,
Ca fericirea ce-am avut
  Să fi putut să steie.

Prea ne pierdusem tu și eu
  În al ei farmec poate,
Prea am uitat pe Dumnezeu,
  Precum uitarăm toate.

Și poate că nici este loc
  Pe-o lume de mizerii
Pentr-un atât de sfânt noroc
  Străbătător durerii!

und nicht dein Lächeln in mich flößt
  und demutvoll und rein
mein Sein zu einem Traum erlöst
  und meinen Traum zum Sein,

so daß mir scheint, als wüchsest du
  mir, wie der Mond erwacht,
aus Schatten süßer Märchen zu
  aus tausendeiner Nacht.

Es war ein zarter, war ein kaum
  zu greifender, zu schön-
und zu geheimnisvoller Traum,
  als daß er durft bestehn.

Zu sehr schienst du ein Engel licht
  und gar zu wenig Frau,
als daß ein Glück wie unsres nicht
  vergangen wär wie Tau.

In seinem Bann verloren wir
  uns beide allzusehr;
zu sehr auch Gott vergaßen wir,
  wie alles um uns her.

Wohl weder erd- noch himmelwärts
  ist ein umfriedet Stück
für ein so heilig allen Schmerz
  bewältigendes Glück!

Pe lângă plopii fără soţ

Pe lângă plopii fără soţ
   Adesea am trecut;
Mă cunoşteau vecinii toţi –
   Tu nu m-ai cunoscut.

La geamul tău ce strălucea
   Privii atât de des;
O lume toată-nţelegea –
   Tu nu m-ai înţeles.

De câte ori am aşteptat
   O şoaptă de răspuns!
O zi din viaţă să-mi fi dat,
   O zi mi-era de-ajuns;

O oră să fi fost amici,
   Să ne iubim cu dor,
S-ascult de glasul gurii mici,
   O oră, şi să mor.

Dându-mi din ochiul tău senin
   O rază dinadins,
În calea timpilor ce vin
   O stea s-ar fi aprins;

Ai fi trăit în veci de veci
   Şi rânduri de vieţi,
Cu ale tale braţe reci
   Înmărmureai măreţ,

Die Pappeln ungerader Zahl

Die Pappeln ungerader Zahl
  pflegt ich entlang zu gehn;
die Nachbarn sahn mich allzumal
  – du hast mich nicht gesehn.

Oft blickt ich an der Häuserwand
  empor zu deinem Licht;
zwar: eine ganze Welt verstand,
  doch du verstandest nicht.

Wie manchesmal dort harrte ich
  auf Antwort, flüsterleicht –
ein Lebenstag von dir – für mich –:
  er hätte mir gereicht!

O hätten wir uns eine Stund
  geliebt voll heißer Not,
o hätt ich deinem kleinen Mund
  gelauscht! Und dann: der Tod.

Ein Strahl von deinem Auge, mir
  freiwillig dargebracht –
für immer hätte sich an dir
  ein neuer Stern entfacht.

Er hätt auf ewig ganze Reih'n
  von Leben dir beschert,
man hätte dich, von Marmorstein
  ein hohes Bild, verehrt,

Un chip de-a pururi adorat
    Cum nu mai au perechi
Acele zâne ce străbat
    Din timpurile vechi.

Căci te iubeam cu ochi păgâni
    Și plini de suferinți,
Ce mi-i lăsară din bătrâni
    Părinții din părinți.

Azi nici măcar îmi pare rău
    Că trec cu mult mai rar,
Că cu tristeță capul tău
    Se-ntoarce în zadar,

Căci azi le semeni tuturor
    La umblet și la port,
Și te privesc nepăsător
    C-un rece ochi de mort.

Tu trebuia să te cuprinzi
    De acel farmec sfânt,
Și noaptea candelă s-aprinzi
    Iubirii pe pământ.

ein Bildnis, wie dergleichen kaum
  den Feen man geweiht,
die drangen bis in unsern Raum
  aus jener alten Zeit.

Mit Augen heidnisch, voller Leid
  und Qualen liebt ich dich,
vererbt seit alter, alter Zeit
  von Ahn zu Ahn auf mich.

Und heute – kaum bedaure ich,
  wie anders es heut steht
und daß dein Haupt voll Trauer sich
  vergebens nach mir dreht;

denn heute gleichst du jedermann
  an Gang und Tracht und Brauch;
gleichgültig sehe ich dich an
  mit kaltem Totenaug'.

Du hast dich jenem Zauber nicht,
  dem heiligen, gestellt,
der in der Nacht ein ewig Licht
  anzündet in der Welt.

Şi dacă ...

Şi dacă ramuri bat în geam
Şi se cutremur plopii,
E ca în minte să te am
Şi-ncet să te apropii.

Şi dacă stele bat în lac
Adâncu-i luminându-l,
E ca durerea mea s-o-mpac
Înseninându-mi gândul.

Şi dacă norii deşi se duc
De iese-n luciu luna,
E ca aminte să-mi aduc
De tine-ntotdeuna.

Und bebt das Laub vorm Fenster mir

Und bebt das Laub vorm Fenster mir
und klopfen Pappelzweige,
dann ists, damit mein Sinn zu dir
und deinem Nahn sich neige.

Und klopfen Sterne an den See,
ihn lichtend bis zum Grunde,
dann, daß gelindert sei mein Weh
und mein Gemüt gesunde.

Und ziehn die dichten Wolken hin,
und glänzt des Mondes Schimmer,
dann darum, daß in meinem Sinn
ich dein gedenk auf immer.

Veneția

S-a stins viața falnicei Veneții,
N-auzi cântări, nu vezi lumini de baluri;
Pe scări de marmură, prin vechi portaluri,
Pătrunde luna, înălbind păreții.

Okeanos se plânge pe canaluri...
El numa-n veci e-n floarea tinereții,
Miresei dulci i-ar da suflarea vieții,
Izbește-n ziduri vechi, sunând din valuri.

Ca-n țintirim tăcere e-n cetate.
Preot rămas din a vechimii zile,
San Marc sinistru miezul nopții bate.

Cu glas adânc, cu graiul de Sibile,
Rostește lin în clipe cadențate:
„Nu-nvie morții – e-n zadar, copile!"

Venedig

Venedigs stolzes Leben ist zuende;
nicht Lieder mehr, nicht Lichter mehr von Bällen;
auf Marmortreppen, alten Kapitellen
liegt Licht des Mondes, weißend das Gewände.

Okeanos läßt seine Klage gellen,
wie er in ewiger Jugend sich verschwende,
daß er der süßen Braut doch Leben spende!
Er schlägt an Mauern, brausend mit den Wellen.

Auf den Kanälen lastet Kirchhofstille.
Ein Priester, Überrest aus alten Tagen,
so ruft San Marco „Zwölf!" mit Geisterton.

Gelassen-rhythmisch spricht das Stundenschlagen
mit tiefer Stimme Worte der Sibylle:
„Die Toten stehn nicht auf – vergebens, Sohn!"

Peste vârfuri

Peste vârfuri trece lună,
Codru-şi bate frunza lin,
Dintre ramuri de arin
Melancolic cornul sună.

Mai departe, mai departe,
Mai încet, tot mai încet,
Sufletu-mi nemângâiet
Îndulcind cu dor de moarte.

De ce taci, când fermecată
Inima-mi spre tine-ntorn?
Mai suna-vei dulce corn,
Pentru mine vre odată?

Mond zieht übers Wipfelmeer

Mond zieht übers Wipfelmeer;
sacht die Blätter regt der Wald;
hinterm Erlenzweigicht schallt
weh das Horn weither, weither.

In die Ferne stirbt es hin;
leiser, leiser werdend füllt
es die Seele, ungestillt,
labend mir mit Todessinn.

Nun mein Herze süß verlorn
sich dir öffnet, wirst du stumm...
Wirst du jemals wiederum
mir ertönen, süßes Horn?

La mijloc de codru ...

La mijloc de codru des
Toate păsările ies,
Din huceag de aluniș,
La voiosul luminiș,
Luminiș de lângă baltă,
Care-n trestia înaltă
Legănându-se din unde,
În adâncu-i se pătrunde
Și de lună și de soare
Și de păsări călătoare,
Și de lună și de stele
Și de zbor de rândurele
Și de chipul dragei mele.

Mitten in dem dichten Wald

Mitten in dem dichten Wald
kommen Vöglein vielgestalt
aus dem Nußgezweig hervor
auf das lichte Streifchen Moor,
auf die Lichtung um den Teich,
der im hohen Röhricht weich
seine Wasser wiegt und wellt,
bis zum tiefen Grund durchhellt
von der Sonn und ihrem Licht,
von den Vogelschwärmen dicht,
von dem Mond-, dem Sternenschein,
von der Schwalben wirrem Schrei'n,
von dem Bild der Liebsten mein.

Mai am un singur dor

Mai am un singur dor:
　În liniştea serii
Să mă lăsaţi să mor
　La marginea mării:
Să-mi fie somnul lin
　Şi codrul aproape,
　Pe-ntinsele ape
Să am un cer senin.
　Nu-mi trebuie flamuri,
Nu voi sicriu bogat,
Ci-mi împletiţi un pat
　Din tinere ramuri.

Şi nime-n urma mea
　Nu-mi plângă la creştet,
Doar toamna glas să dea
　Frunzişului veşted.
Pe când cu zgomot cad
　Izvoarele-ntr-una,
　Alunece luna
Prin vârfuri lungi de brad.
　Pătrunză talanga
Al serii rece vânt,
Deasupră-mi teiul sfânt
　Să-şi scuture creanga.

Cum n-oi mai fi pribeag
　De-atunci înainte,
M-or troieni cu drag
　Aduceri aminte.

Nur dies ist mein Begehr

Nur dies ist mein Begehr,
  mein einziger Wille:
Laßt sterben mich am Meer
  bei Abendes Stille;
Sanft sei mein Schlummer da
  und endlos die Fläche
  des Wassers, und Bäche
des Waldes seien nah.
  Nicht Fahnen zu eigen
gebt mir und Grabbukett,
nein, flechtet mir zum Bett
  ein Lager von Zweigen.

Und keiner soll mein Haupt
  benetzen mit Tränen;
der Herbst nur welkes Laub
  mit Stimme belehnen;
indeß ohn Unterlaß
  der Bach von den Gipfeln
  rauscht, in den Wipfeln
der Mond hingleitet blaß;
  die Kuhglocke läutet
durch Abendwinde kalt,
die Linde, heilig-alt,
  Gezweig auf mich breitet.

Nicht irr ich länger mehr
  von Stätte zu Stätte,
dann bringt mich liebeschwer
  Erinnrung zu Bette,

Luceferi, ce răsar
   Din umbră de cetini,
   Fiindu-mi prieteni,
O să-mi zâmbească iar.
   Va geme de patemi
Al mării aspru cânt ...
Ci eu voi fi pământ
   În singurătate-mi.

Gestirne steigen dann
 aus Nadelbaumschatten,
 sind Freunde und Gatten
und lächeln hold mich an.
 Mit rauher Gebärde
aufstöhnt das Meer vor Leid,
Doch ich, in Einsamkeit,
 ich bin dann von Erde.

Sara pe deal

Sara pe deal buciumul sună cu jale,
Turmele-l urc, stele le scapără-n cale,
Apele plâng, clar izvorând în fântâne;
Sub un salcâm, dragă, m-aştepţi tu pe mine.

Luna pe cer trece-aşa sfântă şi clară,
Ochii tăi mari caută-n frunza cea rară,
Stelele nasc umezi pe bolta senină,
Pieptul de dor, fruntea de gânduri ţ-e plină.

Nourii curg, raze-a lor şiruri despică,
Streşine vechi casele-n lună ridică,
Scârţâie-n vânt cumpăna de la fântână,
Valea-i în fum, fluiere murmură-n stână.

Şi osteniţi oameni cu coasa-n spinare
Vin de la câmp; toaca răsună mai tare,
Clopotul vechi împle cu glasul lui sara,
Sufletul meu arde-n iubire ca para.

Ah! în curând satul în vale-amuţeşte;
Ah! în curând pasu-mi spre tine grăbeşte:
Lângă salcâm sta-vom noi noaptea întreagă,
Ore întregi spune-ţi-voi cât îmi eşti dragă.

Ne-om răzima capetele-unul de altul
Şi surâzând vom adormi sub înaltul,
Vechiul salcâm. – Astfel de noapte bogată,
Cine pe ea n-ar da viaţa lui toată?

Abends vom Berg

Abends vom Berg tönet das Hirtenhorn träge;
Vieh steigt hinan; Sternenschein blitzt auf die Wege.
Wasser, es weint quellend im Brunnenstein;
Unter dem Baum, Liebste, wartest du mein.

Luna im Blau wandelt den heiligen Reigen;
Groß schaut dein Aug auf zu den schütteren Zweigen;
Neblig gebiert droben sich Sternbild um -bild;
Wunschvoll die Brust, Stirn gedankenerfüllt.

Fließend Gewölk, Strahlen zerspellen die Reih'n;
Dach streckt um Dach sich in den mondenen Schein;
Brunnen im Wind: aufknarrt der Hebebaum;
Rauch füllt das Tal; Flöten vom Hügelsaum.

Müde vom Feld gehen die Schnitter ruhn;
lauter und laut tönt das Gebetholz nun;
Glockenklang füllt den Abend mit alter Hut;
Mir aber brennt Liebe im Herzen wie Glut.

Ach! über kurz kommen die Hütten zur Ruh;
ach! über kurz trägt mich mein Schritt dir zu.
Unter dem Baum haben wir nachtlang Frist –
Stunden dann sag ich dir, wie lieb du mir bist.

So, mit dem Haupt eins an das andre geschmiegt,
sitzen wir still, bis uns der Schlummer wiegt
unter dem Baum. – Nacht, von Erfüllung schwer –
wer gäb dafür nicht all sein Leben her?

La steaua

La steaua care-a răsărit
E-o cale-atât de lungă,
Că mii de ani i-au trebuit
Luminii să ne-ajungă.

Poate de mult s-a stins în drum
În depărtări albastre,
Iar raza ei abia acum
Luci vederii noastre.

Icoana stelei ce-a murit
Încet pe cer se suie;
Era pe când nu s-a zărit,
Azi o vedem și nu e.

Tot astfel când al nostru dor
Pieri în noapte-adâncă,
Lumina stinsului amor
Ne urmărește încă.

Zum Stern

Zum Stern, der aus dem Dämmer taucht,
ist es ein langer Pfad,
und viele tausend Jahre braucht
sein Licht, bis es uns naht.

Vielleicht schon längst im blauen All
losch er in seinem Lauf,
jedoch erst heute blitzt sein Strahl
dem Menschenauge auf.

Des toten Sterns Ikone rückt
empor mit seinem Licht;
er war, als wir ihn nicht erblickt;
wir sehn – und er ist nicht.

Genau so, da sich unser Trieb
verlor in Nacht und Qual,
verfolgt uns die erloschne Lieb
noch stets mit ihrem Strahl.

SONET

Când însuși glasul gândurilor tace,
Mĕ 'ngănă cântul unei dulci evlavii,
Atunci te chem; chemarea-mi asculta-vei?
Din neguri reci plutind te vei desface?

Puterea nopții blând însenina-vei
Cu ochii mari și purtători de pace?
Resai din umbra vremilor încoace
Ca să te vĕd venind — ca 'n vis, așa vii!

Anfang von Sonett III
im Druckbild von Maiorescus Erstausgabe
der Poesii 1883/84

Anmerkungen zu den Gedichten

Der rumänische Text entstammt der Ausgabe M. Eminescu, *Opere alese I, ediție îngrijită și prefațată de Perpessicius*, București ²1973: Editura Minerva. – Druckfehler wurden stillschweigend verbessert; der Gebrauch der Buchstaben î und â wurde dem heutigen Stand der Rechtschreibung angeglichen.

In zwei Fällen folgt die Übersetzung für wenige Zeilen der abweichenden Fassung in M. Eminescu, *Poezii, proză literară I, ediție de Petru Creția*, București 1978: Cartea Românească.

Die Gedichte unserer Auswahl sind in der Reihenfolge der Veröffentlichungsdaten geordnet.

Der Umfang des Satzspiegels zwang im Falle folgender Langzeilengedichte zur Brechung der Zeilen in zwei Hälften: *Die Betrachtungen des armen Dionis*, *Episteln I*, *IV* und *V* je rumänisch und deutsch.

Die Betrachtungen des armen Dionis
Aus der Novelle „Der arme Dionis".
Vers 11/12: wörtlich übersetzt: „Wie der Zigeuner, der den Finger zu dem grobmaschigen Netzhaus herausstreckt, prüfe ich mit dem Ellbogen, ob sich das Wetter mildert." – Der Zigeuner wohnt offenbar in einem Fischernetz (oder deckt sich mit diesem zu) und braucht also kaum den Finger hervorzustrecken, um das Wetter zu prüfen.

Vers 52/53: Die Übersetzung gibt der Variante mit der 2.Person Plural den Vorzug: „Ah! atei, nu temeți iadul ș-a lui Duhuri – liliecii?" // „Anathema sit! – Vă scuipe oricare motan de treabă" (so bei Petru Creția, S. 40).

Sonette
Sonett I, Vers 10: Dochia: In Eminescus fragmentarisch überliefertem Epos „Decebal" ist die junge blonde Fee Dochia die Tochter eines dakischen Hohepriesters und in gewisser Weise die Inkorporation Dakiens. Die Rumänen verstehen sich als Nachfahren der vorrömischen Daker und der Römer.
Sonett II/III: Zur Rechtschreibung des letzten Jahrhunderts siehe Abbildung S. 158.

Wiedersehen
Im Ton der rumänischen Volksdichtung.
Vers 14: Doina (auch hora lungă): alter rumänischer improvisierter Tanzliedtypus von meist schwermütigem Charakter.

Episteln
Maiorescu (1883/84) gibt den *Scrisori*, von denen wir drei Proben (von insgesamt fünf) bieten, abweichend vom Erstdruck den Titel *Satire*, offenbar um sie dem Horazschen Vorbild anzunähern.

Der Abendstern
1883. Das Gedicht basiert auf der deutschen Veröffentlichung eines rumänischen Volksmärchens, „Das Mädchen im goldenen Garten", in: Richard Kunisch, *Bukarest und Stambul. Skizzen aus Ungarn, Rumu-*

nien (sic) *und der Türkei*, Berlin 1861. Entsprechend lautet der Titel von Eminescus erster Bearbeitung (1873/74) *Fata-n grădina de aur*.

Fort ist die Liebe
Vers 24: Die Übersetzung folgt der Variante „Renăscători din moarte" (so bei Petru Creția, S. 138).

Venedig
Basiert auf einem Sonett des italienisch-österreichischen Dichters Cajetan Cerri (1826–1899) in dessen Gedichtband *Aus einsamer Stube*, Wien 1864:

Venedig (1850)

So oft ich seh' in düst'rer Mondeshelle
Wie, folgend einem inn'ren dunklen Zwange,
Das Meer sich schmiegt in nie gestilltem Drange
Wild an Venedigs bleiche Marmorschwelle –

Ist's mir als wäre diese dunkle Welle
Ein düst'rer Knabe, der verstört und bange
Auf der Geliebten bleichen Todtenwange
Getäuscht von Neuem sucht des Lebens Quelle.

Und tönt dann durch die öde Kirchhofstille
Vom Markusturm die zwölfte Stunde, schaurig,
Wie das Gestöhne einer Schmerzsibylle:

So ist's, als wenn aus einem dumpfen Grabe
Das Wort ertönte, wehmutsvoll und traurig:
„Laß ab! die Todten steh'n nicht auf, o Knabe!"

Von den 24 Varianten, die von Eminescus Gedicht überliefert sind, stehen manche dem Original noch näher und sind mit „după C. Cerri" oder „imitaţie" bezeichnet.

Mitten in dem dichten Wald
Im Ton der rumänischen Volksdichtung.

Nur dies ist mein Begehr
Maiorescu (1883/84) bietet noch drei Varianten von den über 40 überlieferten.

Abends vom Berg
Jugendgedicht, erst 1885 veröffentlicht.

Zum Stern
Steht in den rumänischen Ausgaben als Originalgedicht, folgt aber Versen von Gottfried Keller, die in *Neuere Gedichte*, Braunschweig ²1854, abweichend von der Endfassung noch so lauteten:

Siehst du den Stern im fernsten Blau,
Der zitternd fast erbleicht?
Sein Licht braucht eine Ewigkeit,
Bis es dein Aug' erreicht!

Vielleicht vor tausend Jahren schon
Zu Asche stob der Stern,
Und doch seh'n seinen lieblichen Schein
Wir dort noch still und fern.

Dem Wesen solchen Scheines gleicht,
Der ist und doch nicht ist,
O Lieb, dein anmuthvolles Sein,
Wenn du gestorben bist!

Nachwort

Kleinen Völkern ist die Dichtung der Welt präsent; lesend und übersetzend eignen sie sich deren geistiges Gut an. Der Horizont der großen Völker dagegen ist auf den englisch-, deutsch- und französischsprachigen Raum eingeengt. So bleiben – womöglich für immer – weiße Flecken, die eine Gesamt-Kartographie der europäischen Geisteswelt verhindern. Wer kennt die Dichtungen Mickiewiczs oder Słowackis? Wer die Lyrik Petöfis? Madáchs *Tragödie des Menschen*? die Romane von Mór Jókai? Was *Rumänien* betrifft, so sind bedeutende Namen auch in Deutschland bekannt geworden – Eugen Ionesco, Mircea Eliade, Emil Cioran –, aber ausschließlich auf dem Umweg über das westliche Ausland und teils aufgrund französischer und englischer Sprachleistungen. Tief im Schatten dagegen stehen diejenigen ihrer Schriftstellerkollegen, die ohne solchen Umschweif bei ihrer Muttersprache geblieben sind: Lucian Blaga, Camil Petrescu, Tudor Arghezi. Und ganz und gar im Dunkeln verliert sich uns der Urgrund, aus dem die gesamte rumänische Sprache und Dichtung hervorblüht. Sogar Lektoren großer Verlage legen, was die Zugehörigkeit des Rumänischen zur romanischen Sprachfamilie betrifft, eine kaum zu glaubende Unwissenheit an den Tag. Schon gar nichts weiß man davon, daß dieser uralte lateinische Dialekt seine bis heute gültige Ausprägung zur Hochsprache erst spät, in der zweiten Hälfte des

19. Jahrhunderts erfahren hat. Und in Deutschland gänzlich unbekannt geblieben ist die Tatsache, daß diese sprachschaffende Kraft, der unserer Luther-Bibel vergleichlich, von dem schmalen Werk eines Dichters ausging, der seine Wirkung gar nicht mehr bewußt erleben konnte: Mihai Eminescu.

Aber die Dichtung Eminescus ist nicht nur von nationaler Bedeutung; sie ist von europäischem Rang. Wenn man große Kunst daran erkennt, daß sie einen neuen Zauber über die Menschheit ausgießt, so ist die stille Lyrik Eminescus mit ihren Wassertiefen und der ständigen Gegenwart des kosmischen Lichts im Wohllaut ihrer lakonischen Formulierung unumwunden groß zu nennen. Manches aus ihr ist aus dem Märchen und dem Volkslied hervorgewachsen und beschwört eine autochthone Bilderwelt. Aber spürbar ist zugleich oft eine Affinität zur deutschen Geistesgeschichte. Aus manchen Versen Eminescus scheint Goethes *Trost in Tränen* hervorzuschimmern; *Der Abendstern*, obwohl von einem rumänischen Volksmärchen angeregt, berührt sich mit Schillers *Teilung der Welt* und der Pessimismus der Episteln mit Schopenhauers *Welt als Wille und Vorstellung*. Diese Doppelzugehörigkeit basiert nicht auf äußerlicher Beeinflussung, sondern ist bereits in Eminescus Herkunft angelegt. Dörfler und tief in der rumänischen Sprache verwurzelt, wuchs er doch von Anfang an mehrsprachig und im Schnittpunkt der Kulturen auf: Er wurde 1850* unfern der k.u.k.-Stadt Tschernowitz mit ihrem bunten Völkergemisch geboren und ging dort zur Schule – unter seinem bürgerlichen Namen Mihai Eminovici.

Der Vater, Gutsverwalter eines Bojaren und später kleiner Gutsbesitzer in dem Moldawischen Dorf Ipoteşti, hatte mit keinem seiner elf Kinder so viel Not wie mit dem siebten, Mihai. Im Gegensatz zu seinen Brüdern versagte Mihai – trotz ausgedehnter Lektüren – bereits in der Schule, und der Vater sah sich gezwungen, ihn vor dem Abitur herauszunehmen und als Praktikanten ans Gericht von Botoşani zu vermitteln. 1866 schickte er den Knaben doch wieder auf die Schule – die berühmte rumänische Schule in Blaj (Siebenbürgen) –, wo Mihai aber nie eintraf. Es war das Jahr einer ersten Gedicht-Veröffentlichung; Iosif Vulcan, Herausgeber der Budapester rumänischen Zeitschrift „Familia", hatte ein Gedicht des Sechzehnjährigen abgedruckt und dabei dessen slawische Namensendung (ovici) mit einer rumänischen vertauscht (escu). Für den jungen Dichter war dieser frühe Erfolg ein verhängnisvolles Signal: Statt sich auf der Schule zu melden, brannte er mit einem Wandertheater durch und verdiente sich sein Brot als Souffleur. Daß die Schauspieler 1869 in Botoşani nahe seinem Heimatdorf gastierten, nutzte der Vater dazu, sich des verlorenen Sohns gewaltsam wiederzubemächtigen: Er ließ ihn gefangennehmen und sperrte ihn nackt ins Zimmer, bis die Truppe weitergezogen war.

So konnte nach dem Verlust dreier Jahre die bürgerliche Laufbahn, die auch dem Schmerzenskind zugedacht war, ihren Fortgang nehmen. In Wien (1869–72), wo Eminescu als Gasthörer Philosophie und Recht studierte, sich aber mangels Abitur nicht immatrikulieren konnte. In Botoşani, wo ihm (1872) doch noch das Abitur gelungen sein soll. Und in Berlin (1872–74), von wo er aber ohne Abschluß und ohne Doktortitel nach Rumänien zurückkehrte. So begann für Eminescu, dem doch ein Lehrstuhl an der Universität von Iași gewinkt hatte, die Kette aufreibender Tätigkeiten, die ihn physisch mit-zerrütteten; er war nacheinander Direktor der Zentralbibliothek von Iași (1874), Deutschlehrer am Gymnasium, dann Schulinspektor (1875), Journalist des „Curierul de Iași" (1876) und – ab 1877 in Bukarest – Redakteur der Zeitung „Timpul", deren Beiträge nahezu ausschließlich er selber verfaßte, was ihn nach 1881 kaum mehr zum Dichten kommen ließ. Dazu machte ihm eine unheilbare Krankheit zu schaffen, die 1883 zu einem ersten Zusammenbruch führte: die Syphilis (?*) mit allen ihren Symptomen einschließlich eines sich zur Megalomanie steigernden Auserwähltheitsbewußtseins. 1883 ist noch in anderer Hinsicht Eminescus Schicksalsjahr: Das Jahr seiner Einweisung in die Irrenanstalt Oberdöbling bei Wien ist auch das Jahr eines allerersten Gedicht-Honorars, eingegangen von dem schon erwähnten Iosif Vulcan. Und es ist das Jahr von Eminescus erstem Gedichtband (der sozusagen zwischen den Jahren erschien; nach dem neuen Kalender hatte bereits das Jahr 1884 begonnen).

Der Erfolg der *Poesii de Mihail Eminescu*, der den Dichter kaum mehr freuen konnte, erhebt die Jahreswende 1883/84 auch zu einem Schicksalsaugenblick für die rumänische Sprache: Wie in einem Eminescuschen Gleichnis das Licht erst des *erloschenen* Sterns auf der Erde ankommt, so hatte die Leuchtkraft von Eminescus Dichtung die Zeitgenossen erst nach dem

Erlöschen von dessen geistiger Potenz erreicht; als dies aber geschah, wurde sie sogleich maßstabsetzend. Bis zu des Dichters physischem Tod erlebte das bibliophil gestaltete Büchlein zwei weitere (verbesserte und um „Nachlaß"-Poesien vermehrte) Auflagen. Von Eminescu freilich war Neues nicht mehr zu erwarten; zwar kehrte er 1884, einigermaßen wiederhergestellt, für ein Jahrfünft in die Welt und sogar ins Berufsleben zurück (1884 unterrichtete er an der Handelsschule in Iași und wirkte als zweiter Bibliothekar in jener Zentralbibliothek, deren Direktor er einmal gewesen war), aber es war das Leben eines Untoten, das er führte, bis ihn 1889, nach einem letzten Zusammenbruch*, in einer Bukarester Irrenanstalt der Tod erlöste.

Von Eminescus Wiener Studienzeit bis in diese letzten Jahre hatte übrigens eine zweite Vaterfigur die Hand über ihn gehalten: Titu Maiorescu. Maiorescu war der Mittelpunkt der kulturellen Gesellschaft „Junimea" („Die Jugend") in Iași, die sich um eine Angleichung des Schul- und Universitätssystems an westliche Maßstäbe bemühte und eine neue rumänische Dichtung und Literatur förderte, u. a. in einer von ihr herausgegebenen Zeitschrift, den „Convorbiri literare" („Literarische Gespräche"). Bei allen Stellen und Ämtern, die Eminescu nach seiner Rückkehr aus Berlin bekleidete, hatte Maiorescu steuernd und wegbahnend die Hand im Spiel, doch hat Maiorescu an seinem schwierigen und zur Selbstzerstörung neigenden Schützling ebensowenig Freuden erlebt wie der Vater selbst. Nicht nur, daß sich Eminescu dem ihm zugedachten Lehrstuhl ebensowenig gewachsen zeigte wie einer von Maiorescu vermittelten Audienz bei der Königin („Carmen Sylva"), wo der Dichter einen entsprechend ungünstigen Eindruck hinterließ. (Es war dieselbe Scheu, die dem Dichter das Verhältnis mit seiner Geliebten Veronica Micle, einer verheirateten Frau, in dem Augenblick problematisch werden ließ, in dem sie für ihn frei gewesen wäre.) Sondern Maiorescu, der mit der ihm eigenen Autorität sogar bis zum Kultusminister aufgestiegen war, mußte dem Dichter gegenüber selbst den Eindruck des Mäzenatentums vermeiden; zu empfindlich war dieser gegen jede vermeintlich herablassende Geste des Älteren. Die Rücksicht auf solche Empfindlichkeit war es, die Maiorescu 1883/84 bewog, die bisher in den „Convorbiri" erschienenen Gedichte gebündelt herauszugeben. Er wollte dem armen Poeten den begründeten Verdacht nehmen, er, der Mäzen, bezahle den Klinikaufenthalt aus eigener Tasche, und ihn dahingehend beruhigen, die Honorareinnahmen aus dem Buch hätten die Behandlungskosten beglichen. Und nachdem er für Eminescu zuletzt noch einen Ehrensold der Regierung erwirkt hatte, sorgte Maiorescu auch nach des Freundes Tod weiter für Neuauflagen der *Poesii*. Die sechsbändige kritische Ausgabe von Perpessicius, ab 1939, hat dann freilich auch einige Entstellungen Maiorescus getilgt.

Fraglos haben Perpessicius' *Opere alese* unser Eminescu-Bild bereichert – um die phantastischen Erzählungen (allen voran den *Armen Dionis*), um gewaltige epische Massive wie das *Memento mori* und um so bis ins Bilderbuch hinein Populärgewordenes wie das Märchen *Der Prinz aus der Träne*. Aber vieles Unvollendete an Bruchstücken und Entwürfen, auch zu großformatigen Epen und Schauspielen, ist unausgegoren und weder an Bild- noch an Sprachkraft der eigentlichen lyrischen Leistung zu vergleichen. Eminescus schöpferische Zeit war kurz – es sind die anderthalb Jahrzehnte von 1866 bis 1881 –, und ihren schönsten Teil bildet die zu Lebzeiten veröffentlichte Lyrik, wie die Maiorescuschen Ausgaben sie zusammenfassen. Sie bieten ein stilistisch einheitliches rundes Ganzes, das die rumänische Sprache zu einem Gebilde von bis dahin nicht für möglich gehaltener Schönheit ausformt. In ihrem Gleichgewicht von poetischer und Alltags-Sprache, von Archaismen und Neologismen ist sie bis heute nicht veraltet oder ermüdet.

Man kann Eminescu einen späten Romantiker nennen: Das Grundgefühl seiner Verse ist Todessehnsucht, die zugleich mit Trauer erfüllt und mit Glück. Ein Gefühl des Loslassens, des Willensverzichts im schopenhauerschen Sinn mischt sich mit Freude beim Nahen des Ausruhens im Tod. Glückliche Liebe – immer etwas Verlorenes oder ein Wunschbild – hat allenfalls gänzlich außerhalb der menschlichen Gemeinschaft statt; immer ist ein gemeinsames Erlöschen in einem sanften Schlaf, ein Aufgehen in der umgebenden Natur das Ziel.

Eminescus Landschaft ist der Wald – die Landschaft Eichendorffs, doch durchtränkt mit rumänischer Volksmythe (zu der Schopenhauers Stoizismus durchaus Berührungspunkte hat). Der Wald aber nie als Idylle, sondern als hinausführend in das All der

Sternenwelt, die sich hinter ihm auftut. – Zur Sehnsucht nach dem Erlöschen paßt das durchweg Leise der Eminescuschen Natur, ihr Flüstern, Rascheln, Murmeln, das Weinen des Wassers, ja das bloße Zittern der Quelle über Steinen. Die Verse fangen dies in einen Klang, der den Hörer in Wehmut wiegt und ihm zugleich den Balsam für diese Wehmut reicht. Der Klangzauber der Verse, ihre einlullende Verdoppelung von Wendungen („rânduri-rânduri"), ihr Baden in den „gedackten" Vokalen des Rumänischen („Când însuşi glasul gândurilor tace,/ Mă-ngână cântul unei dulci evlavii") hat eine eigene Harmonie, die im Ohr bleibt, selbst wenn man sich an den Inhalt nicht mehr erinnert.

Aber der Dichter des Mondlichts über den schattenfeuchten Senken des Waldes ist auch eines Vorklangs der Moderne fähig, der etwa in den *Betrachtungen des armen Dionis* direkt dem Berliner Naturalismus präludiert: Der arme Poet, der bei seiner talgüberrotzten Karaffe in der Dachstube zwischen roten Wanzen und dem Kater dem Tod entgegenvegetiert, ist der ältere Bruder von Arno Holz' frühem *Phantasus*, dessen Mietskasernen-Dach ja ebenfalls ganz im Eminescuschen Sinn „fast bis an die Sterne" stößt.

Und dieser arme Poet ist durchaus kein Sonderthema Eminescus: Der Künstler, das verkannte Genie, ist eigentlich immer das geheime Thema seiner Verse, und wenn „der Vollmond hinverschwendet seine stille Herrlichkeit" oder der Abendstern – *Luceafărul* – sich als Licht über die Königstochter ergießt, so ist solch kosmisches Bild gleichsam die Innen-

oder Seelenansicht des armen Dichters, der sich dem Gestirn gleich bis zum Erlöschen verströmt, und der doch zugleich, in der Außenansicht des armen Dionis, „ein Königreich für eine Zigarre" gäbe.

Gerade in der romantisch-naturalistischen Spannweite seines Werks, in der sich u.a. eine gewaltige literaturgeschichtliche Lücke schließt, ist Eminescu ein Dichter, den man, wenn man ihn einmal kennengelernt hat, aus der Welt nicht mehr wegdenken kann. Ihn in einer repräsentativen Auswahl auch in Deutschland vorzustellen, scheint uns längst überfällig.

Kaarst, Februar 1998
Geraldine Gabor, Ernst-Jürgen Dreyer

---

* Wie selbst über das Geburtsdatum (Dezember 1849?), so besteht auch über die Art von Eminescus Erkrankung (Schizophrenie?) und über die Todesursache keine restlose Einigkeit (medikamentöse Quecksilbervergiftung infolge fehldiagnostischer Behandlung?).

Verzeichnis der Gedichte

Die Betrachtungen des armen Dionis (*Cugetările sărmanului Dionis*) 9
Der See (*Lacul*) 19
Der Wunsch (*Dorinţa*) 21
Das Märchen von der Linde (*Povestea teiului*) 23
So zart ... (*Atât de fragedă...*) 31

Sonette
   I (Draußen ist Herbst) (*Afară-i toamnă*) . . . 35
   II (Es gingen Jahre) (*Sunt ani la mijloc*) 35
   III (Wenn selbst die Stimme) (*Când însuşi glasul*) 37

Wiedersehen (*Revedere*) 39
O Mutter ... (*O, mamă...*) 43
Epistel I (Blase ich mit müden Wimpern)
(*Scrisoarea I* [*Când cu gene ostenite*]) 45
Epistel IV (Einsam steht das Schloß)
(*Scrisoarea IV* [*Stă castelul singuratic*]) 67
Epistel V (Samson, so erzählt die Bibel)
(*Scrisoarea V* [*Biblia ne povesteşte*]) 87
Der Abendstern (*Luceafărul*) 103
Fort ist die Liebe (*S-a dus amorul...*) 135
Die Pappeln ungerader Zahl (*Pe lângă plopii fără soţ*) 139
Und bebt das Laub vorm Fenster mir
(*Şi dacă...*) 143
Venedig (*Veneţia*) 145
Mond zieht übers Wipfelmeer (*Peste vârfuri*) . 147

Mitten in dem dichten Wald (*La mijloc de codru...*) 149
Nur dies ist mein Begehr (*Mai am un singur dor*) 151
Abends vom Berg (*Sara pe deal*) 155
Zum Stern (*La steaua*) 157

Die Deutsche Bibliothek – CIP-Einheitsaufnahme
Eminescu, Mihai:
Der Abendstern : Gedichte ;
Rumänisch–Deutsch / Mihai Eminescu.
Nach einer Interlinearübers. von Geraldine Gabor
in dt. Verse gebracht von Ernst-Jürgen Dreyer. Mit einem
Nachw. von Geraldine Gabor und Ernst-Jürgen Dreyer. –
Mainz : Dieterich, 1999
ISBN 3-87162-048-3